그라스호퍼 지오메트리

GRASSHOPPER GEOMETRY

100개 알고리즘 예제로 배우는 파라메트릭 디자인

김영아 지음

\# 파라메트릭 디자인

\# 알고리즘

\# 디지털 디자인

\# 컴퓨테이셔널 모델링

\# 비쥬얼 프로그래밍

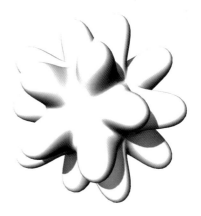

도서출판 대가

GG

GRASSHOPPER GEOMETRY

YUNG A KIM

Contents

머리말   008

사용법   014

당부의 말씀   044

Box / Extrude / Sphere / Pipe   048
001-017

Move / Rotate / Orient / Array   084
018-026

Loft / Sweep / Contour   104
027-031

Intersect   116
032-042

Random   140
043-048

Voronoi & Delaunay   154
049-053

Graph Mapper   166
054-060

Expression   182
061-063

Distance & Remap Numbers   190
064-068

Pattern (List)   202
069-074

Surfaces   216
075-078

Morph   226
079-081

Panels   234
082-087

Metaball & Cocoon   248
088-089

Kangaroo   254
090-094

Weaverbird   266
095-100

머리말

Grasshopper는 한때 이과생이었고, 한때 미대생이었고, 지금은 건축가인 나에게 레고같은 프로그램이다.

수학적인 사고와, 상상력을 필요로 하고, 종종 집요함도 요구하지만, 무궁무진한 재미와 편리함을 가져다준다.

어떤 형상을 만들기 위해 다양한 방법들을 궁리하고 나름의 알고리즘으로 만들어가는 과정이 전략게임 같아 중독적이기까지 하다.

시작은 2008년 Foster and Partners에서 Bank of Kuwait Tower 프로젝트를 진행할 때였는데, 비정형의 건물을 디자인하면서

3D와 도면을 수없이 오가며 수정 반복하고 Rationalize하는 과정에서 오는 피로감을 줄여보고자

Parametric Design을 어깨넘어 배우기 시작했다. 당시 사무실에서는 Generative Component라는 프로그램을 사용했었는데,

다소 무겁고 폐쇄적이었던 그것과 달리, Rhino의 무료 플러그인이었던 Grasshopper의 가벼움과 오픈 리소스에 매료되어 금방 입문하게 되었다.

학생들에게 늘 하는 이야기지만, 굳이 특정 툴을 잘 다룰 줄 몰라도 괜찮다. 대체할 수 있는 다양한 방법들이 있고,

특정 툴을 전도사처럼 권유하거나 장황하게 설명하고 싶지는 않다. 그렇지만, 툴의 발전으로 사고의 과정이 전환되는 경험은

꼭 공유하고 싶다는 생각이 들었다. 나는 대학에 다닐때 손으로 도면 그리는 법을 배웠고, 실무를 하면서는 캐드를 썼고,

지금은 파라메트릭 툴과 BIM을 사용한다. 그 과정에서 내가 일을 하고 사고하는 방법은 드라마틱하게 변화했다.

바퀴의 발명으로 인간의 활동 영역이 확장되었음과 같이, 툴의 사용이 인간의 상상력에 속도와 가능성을 더해주는 것이다.

평소 Grasshopper를 통해 파라메트릭 디자인을 배우고 싶었지만, 생소하고 어려워 접근하지 못했던 분들께 5분 내외의 집중력으로

하나의 알고리즘을 완성할 수 있는 쉽고 간단한 예제를 100개 만들어 이 책에 실었다. 그동안 책을 통해, 인터넷을 통해 얼굴도 모르는 수많은 분들께

가르침을 받았고, 그렇게 쌓은 나의 노하우를 다시 공유하고자 한다. 어떤 결과에 이르는 길이 여러개일 수 있듯이, 어떤 형태를 만들기 위한

다양한 접근 방법들을 탐험하면서, 미흡하나마 이 책이 파라메트릭 사고를 배우고

또 다른 길을 내는 여정으로 활용되면 좋을 것 같다.

이 책을 시작할 수 있게 용기를 불어넣어준 나의 남편, 송사마님, 늘 기도와 응원을 아끼지 않으시는 부모님과 가족들, 강의를 시작할 수 있게 도와주셨던

홍익대학교 김주연 교수님, 한양대학교 이강준 교수님, 배움에 도움을 주셨던 이대송 교수님, 이정희 교수님, 김호중 교수님,

늘 질문과 에너지를 나눠주는 나의 학생들, 그리고 출판에 이르기까지 도와주신 대가출판사 김호석대표님께 감사의 말씀을 드립니다.

김영아

Intro

$$1+1=2$$

$$2+3=5$$

$$45+67=112$$

$$...$$

$$x+y=z$$

1, 2, 3, 5... 는 정수라고 하면,
x, y, z는 변수, '파라미터'라고 한다.

x+y=z 라는 알고리즘을 만들어놓고,
파라미터 값을 바꿔가며 무한대의 결과를 만들어내는 디자인을
'파라메트릭 디자인'이라고 한다.

이제부터는 복잡한 계산을 하려고 머리 아플 필요가 없다.

모델링을 수정하려고 마우스클릭 백만번 할 필요도 없다.

'알고리즘'을 만들면 된다.

Grasshopper

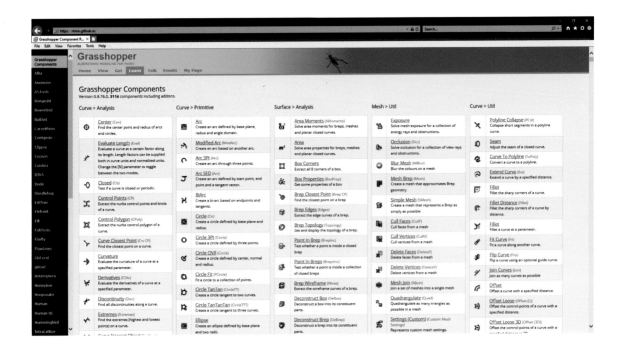

Grasshopper는 Rhino의 무료 플러그인으로, **알고리즘**을 통해 3D모델링, 시뮬레이션 등을 할 수 있는 **비쥬얼 프로그래밍** 툴이다.
https://rhino.github.io/에 가보면 그라스호퍼에서 제공하는 **컴포넌트**들을 확인할 수 있는데,
그라스호퍼에 입문하기에 앞서 모든 컴포넌트의 기능을 다 인지하는 것은 무의미하고 불가능한 일이다.

Food3Rhino

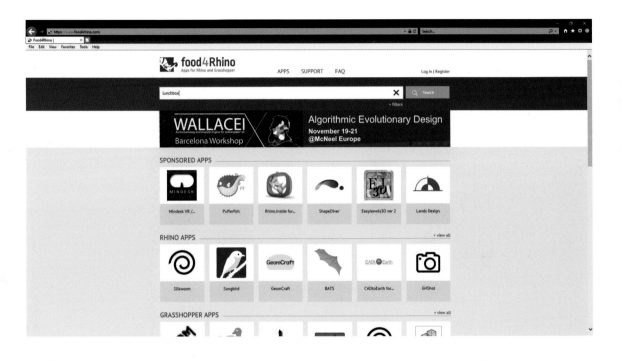

새로운 **컴포넌트나 플러그인**들이 끊임없이 업데이트되고 배포되기 때문이다.

라이노와 그라스호퍼 대부분의 플러그인은 **https://www.food4rhino.com**에서 찾아볼 수 있다.

그라스호퍼를 공부하는 가장 좋은 방법으로 많은 예제를 따라해보면서 **차근차근** 사용하는 컴포넌트의 숫자와 방법을 **늘려가는 것**을 추천한다.

사용법

Launch

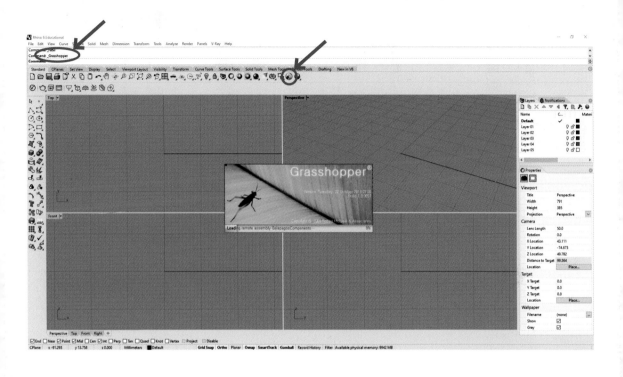

Rhino를 켠 후 **Grasshopper라고 타이핑**하거나 **아이콘을 눌러** 프로그램을 열어준다.

(Rhino 5버전에서는 www.grasshopper3d.com에서 다운받아 별도 설치해줘야 하고, Rhino 6버전에서부터는 내장되어 별도의 설치가 필요없다.
본 책은 Rhino 6버전을 기본으로 집필하였다.)

Double-click & Type

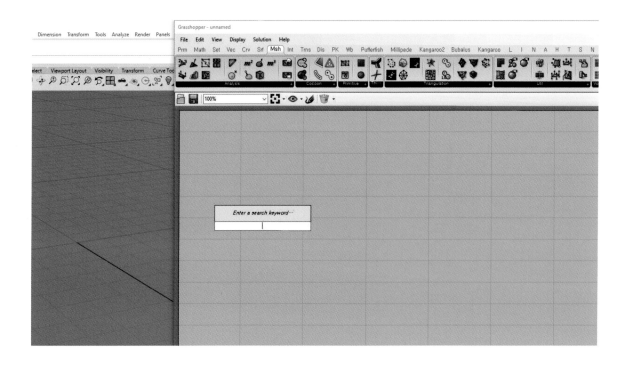

캔버스에서 **더블클릭 후** 원하는 **명령어를 타이핑**하여 컴포넌트를 찾는다.

원하는 기능의 **영어단어**를 타이핑해보면 되는데, 대부분 라이노의 명령어와 같다.

Click

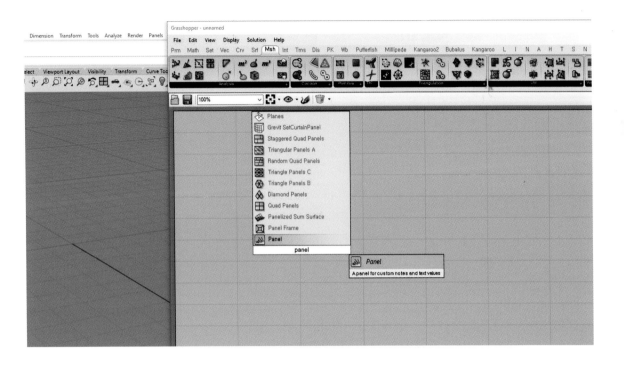

명령어와 **아이콘의 그림**을 확인하고 원하는 컴포넌트를 클릭하여 꺼낸다.

Panel

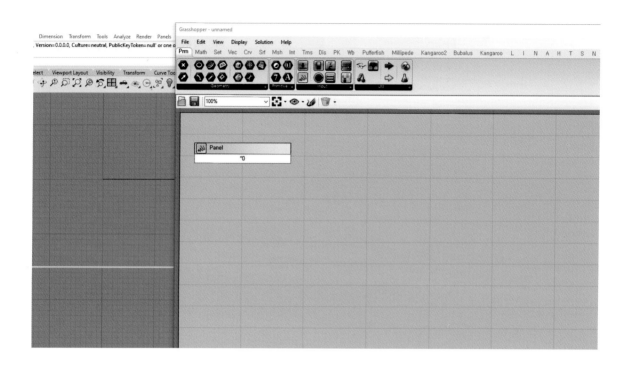

자주쓰는 컴포넌트 중 **Panel**이 있는데, 숫자나 문자를 입력할때 사용한다.

단축키로 **"(따옴표)** 혹은 //를 쓴 뒤 원하는 숫자나, 문자를 간단히 쓸 수 있다.

Panel

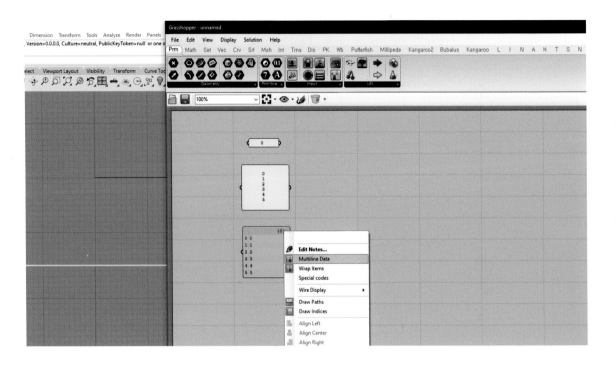

여러개의 데이터(숫자나 문자)를 입력하기 위해서는

패널위에서 마우스 우클릭을 해준 뒤 **Multiline Data**를 체크해줘야 한다.

Number Slider

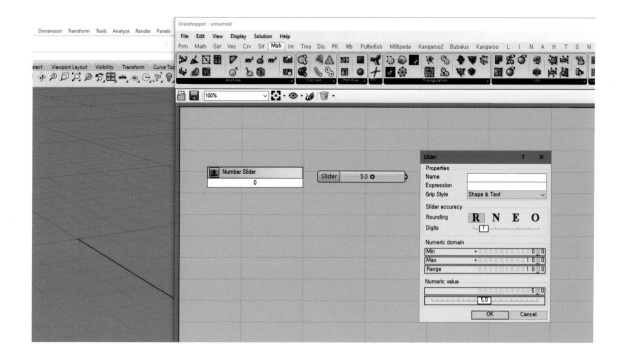

캔버스에서 더블클릭 후, 단순하게 숫자를 타이핑하면 Number Slider를 꺼낼 수 있다.

슬라이더바의 앞부분을 더블클릭하면 세부항목이 뜨는데, 숫자의 유형과 영역을 컨트롤 할 수 있다.

R : 소수점을 가진 숫자 (Digits : 소수점의 갯수)

N : 정수

E : 짝수

O : 홀수

Number Slider

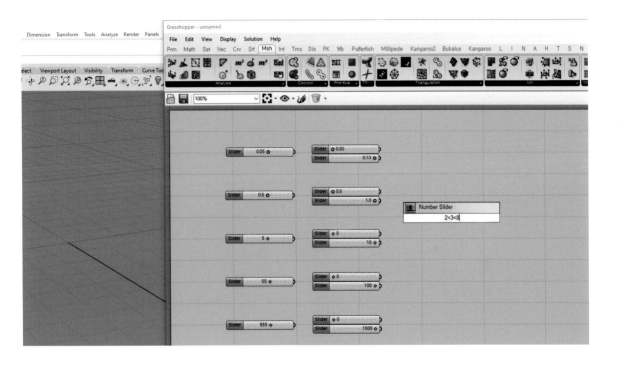

기본적으로 Number Slider는 **십진법으로 영역**이 구간지어진다.
특정 구간을 설정하고 싶을때는 **《꺽쇠》**를 이용하면 된다.

Mathmetircal operator

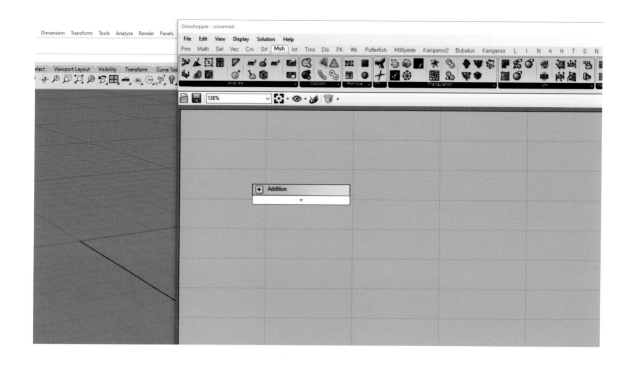

수학 연산을 위한 더하기, 빼기, 곱하기, 나누기는 **키보드의 기호**를 써서 꺼낼 수 있다.

+ : Addition

- : Subtraction

* : Multiplication

/ : Division

Expression

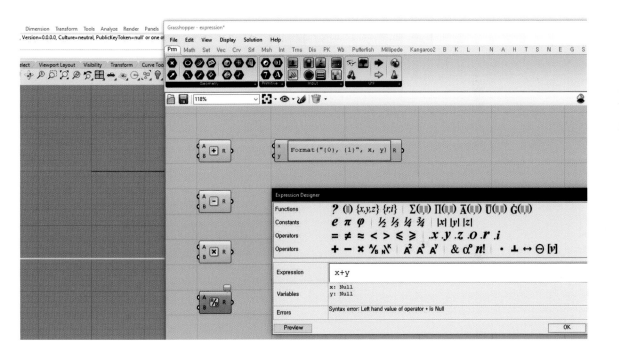

Expression을 사용하여 수식을 직접 작성할 수도 있다.

Vector

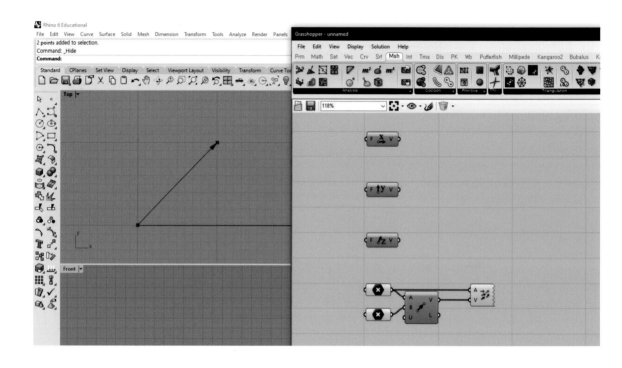

Vector는 **방향**을 말한다.

X축, Y축, Z축, 그리고 **특정 점**에서 **점까지**의 방향을 지정해 사용할 수 있고, X, Y, Z를 단축키로 사용할 수 있다.

벡터는 형상이 아닌 방향이기 때문에 보이지 않는데, **Vector Display**를 사용해서 확인할 수 있다.

X : Unit X

Y : Unit Y

Z : Unit Z

Plane

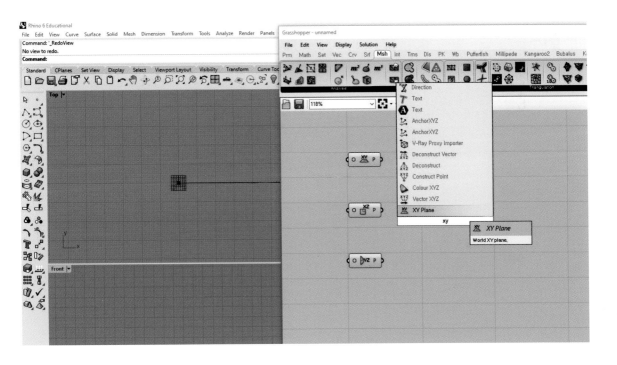

Plane은 좌표면을 말한다.

XY, XZ, YZ 단축키를 써서 꺼낼 수 있다.

보통 **XY Plane이 디폴트로 적용되어 있는 경우가 많다.**

XY : XY Plane

XZ : XZ Plane

YZ : YZ Plane

Params

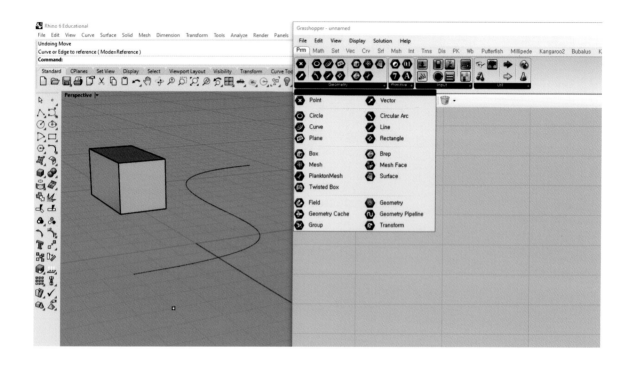

라이노에서 그린 점, 선, 면 등 **외부데이터를 그라스호퍼**로 가져오기 위해 육각형 아이콘인 **파라미터 컴포넌트**를 사용한다.

가장 빈번하게 쓰는 것으로 Point, Curve, Surface, Brep 등이 있다.

Params

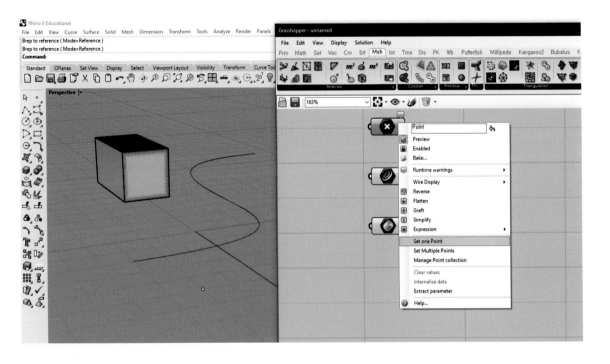

파라미터 컴포넌트 위 마우스 **우클릭**을 한 후 라이노에서 **원하는 개체를 Set** 하여 가져올 수 있다.

그라스호퍼로 가져와진 개체는 라이노에서 빨간색으로 보이는 것을 확인할 수 있다.

Display

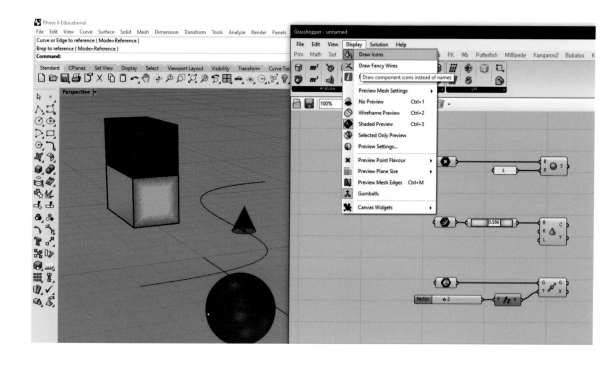

Display 아래 **Draw Icons**와 **Draw Full Names**를 클릭해서 컴포넌트들의 디스플레이 설정을 바꿀 수 있다.

Display

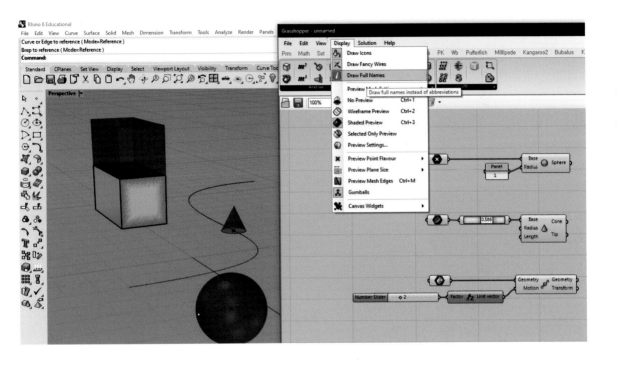

이 책에서는 한페이지에 최대한 많은 컴포넌트를 담고자 Full Name을 해제하여 컴포넌트 크기를 줄였으나,

입문자들에게는 컴포넌트의 세부버튼들의 이름을 볼 수 있는 **Full Name**을 추천한다.

Facy Wires

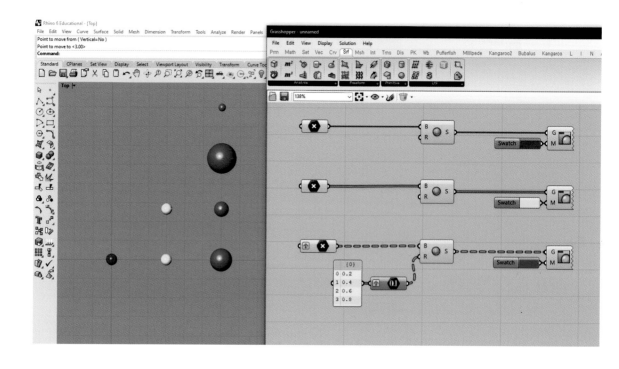

Display에서 Draw Fancy Wires가 기본적으로 켜져 있는데, **데이터의 종류에 따라 와이어의 형태가 다른 것**을 확인할 수 있다.

한줄 : 단일 Branch, 단일 Data
두줄 : 단일 Branch, 다중 Data
점선 : 다중 Branch, 다중 Data

Fancy Wires

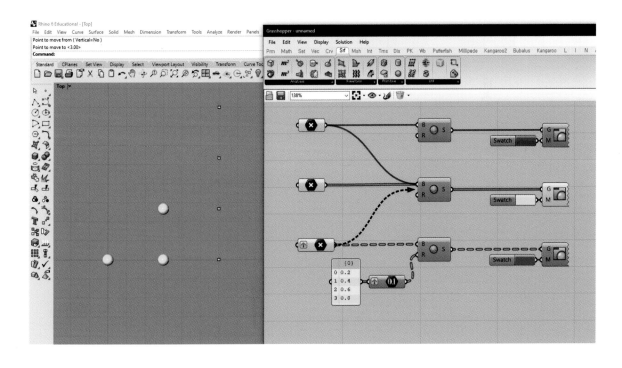

컴포넌트에 데이터를 입력할때 **와이어**를 사용하는데, **다중 입력 시 Shift버튼**을 누른채 연결한다.

입력했던 데이터를 **제거**하고 싶을때 **Ctrl버튼**을 누른채 반대로 연결한다.

Preview

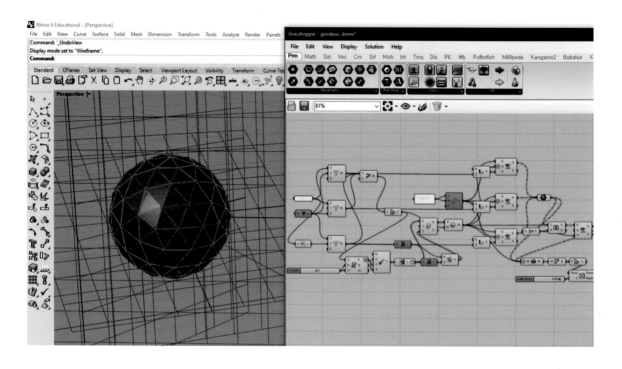

그라스호퍼에서 **알고리즘은 사고의 과정을 다 펼쳐 볼 수 있도록** 한다.

Preview

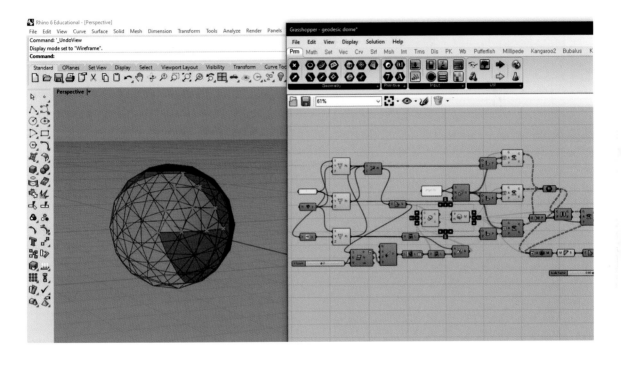

그라스호퍼에서 작업중인 개체는 라이노 화면에서 **빨간색**으로 보여지는데,

선택한 컴포넌트는 **초록색**으로 하이라이트된다.

컴포넌트 선택 후, 단축키 **Ctrl+Q로 껐다켰다** 할 수 있다.

Component Color

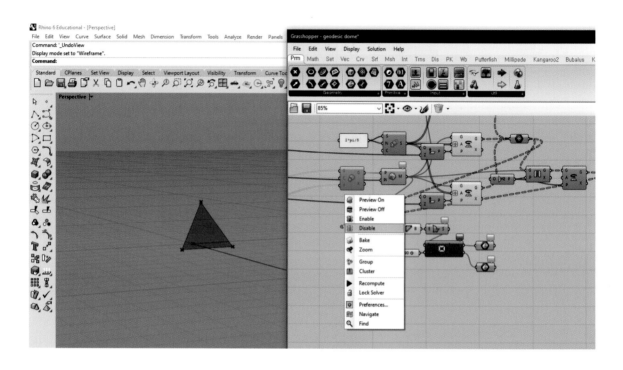

컴포넌트의 색은 자신의 상태를 알려준다.

밝은 회색 : Preview 켜짐

어두운 회색 : Preview 꺼짐

흐릿한 회색 : Disabled (작동안함)

주황색 : 입력 데이터 부족

빨간색 : 입력 데이터 오류

Scroll Wheel Slider

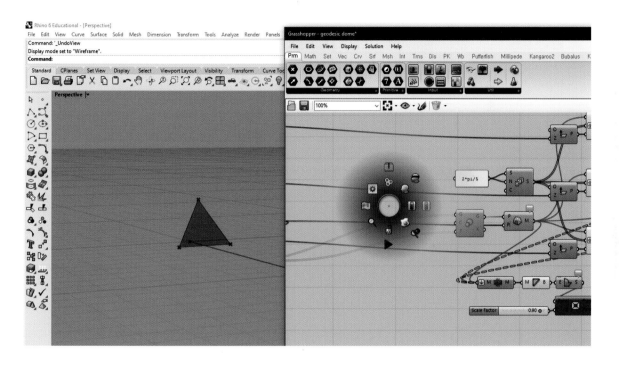

컴포넌트를 선택하고 **마우스 휠을 꾹** 누르면 Scroll Wheel Slider가 뜨는데,

여기에서 **아이콘을 클릭**하는 방식으로도 Preview나 Enable/Disable, Bake 등을 컨트롤할 수 있다.

Bake

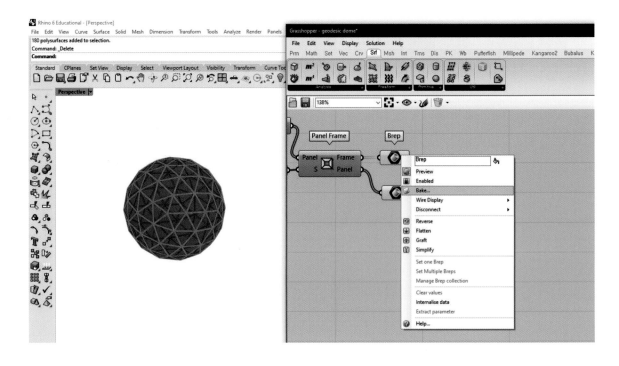

그라스호퍼에서 만든 개체를 라이노로 가져오고 싶을때는 컴포넌트 위에서 마우스 우클릭 후 **Bake**를 눌러준다.

키보드의 **Insert**키를 사용하여 Bake할 수도 있다.

Bake

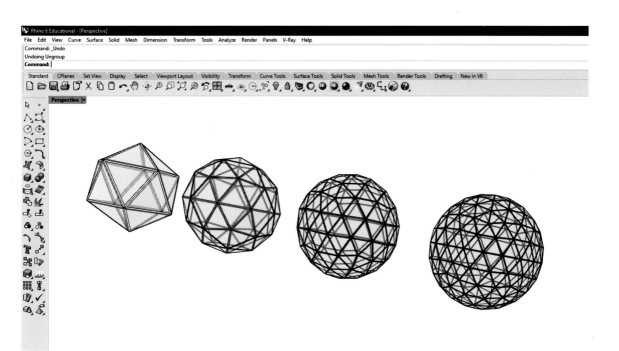

만들어놓은 알고리즘은 다시 활용이 가능하다.

몇가지 **파라미터를 변경하여 다양한 옵션**을 그려낼 수도 있다.

Plug-in

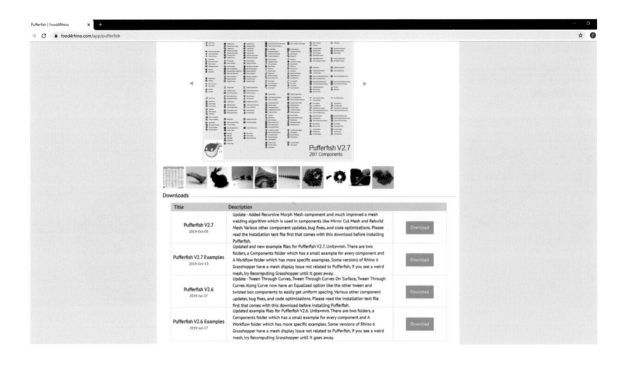

플러그인들을 통해 유용한 컴포넌트들을 추가할 수 있다.

대부분 **Food4Rhino**에서 다운받는데, **gha파일**인 경우가 많다.

Plug-in

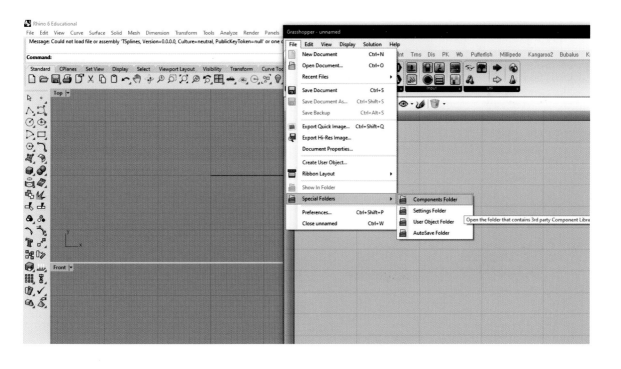

다운받은 플러그인의 gha파일을 그라스호퍼 File메뉴에 Special Folders 아래 **Components Folder**에 가져다 놓으면 된다.

이때 복사 이동하지 않고, **잘라내기 이동해야 한다.**

Plug-in

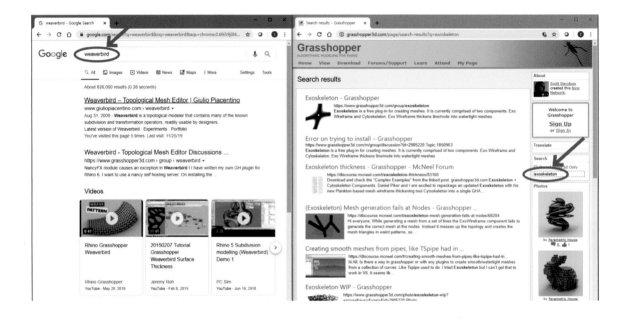

Food4Rhino에서 찾을 수 없는 플러그인들은 **google**이나 **grasshopper3d.com**에서 검색해본다.

* FilletBox : www.grasshopper3d.com/profiles/blogs/fillet-a-box

* Exoskeleton : www.grasshopper3d.com/group/exoskeleton

* Kangaroo : www.food4rhino.com/app/kangaroo-physics

* LunchBox : www.food4rhino.com/app/lunchbox

* Pufferfish : www.food4rhino.com/app/pufferfish

* MeshEdit : www.food4rhino.com/app/meshedit

* Cocoon : www.bespokegeometry.com/2015/07/22/cocoon

* Weaverbird : www.giuliopiacentino.com/weaverbird

이 책에서 사용한 **플러그인의 링크**를 정리해놓았다. 필요시 다운받아 설치한다.

Exercise

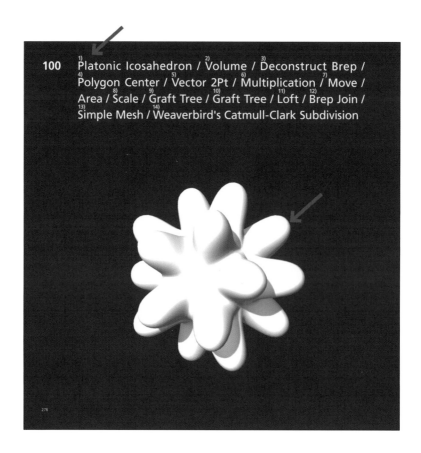

100   Platonic Icosahedron [1) / Volume [2) / Deconstruct Brep [3) /
Polygon Center [4) / Vector 2Pt [5) / Multiplication [6) / Move [7) /
Area [8) / Scale [9) / Graft Tree [10) / Graft Tree / Loft [11) / Brep Join [12) /
Simple Mesh [13) / Weaverbird's Catmull-Clark Subdivision [14)

278

이 책에서는 **100개의 예제**와 함께 파라메트릭 디자인 과정을 소개한다.

1. 좌측 페이지의 **지오메트리**를 보고 **어떻게 만들어야 할지** 상상해본다.
2. 상단에 **순서대로 나열된 컴포넌트**들을 힌트삼아 시도해본다.

Exercise

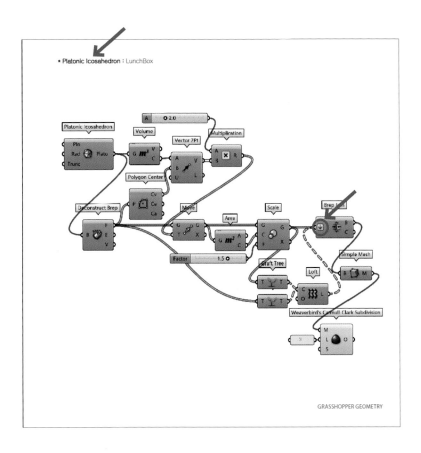

* Platonic Icosahedron : LunchBox

GRASSHOPPER GEOMETRY

3. 우측 페이지의 **알고리즘을 참고로** 따라해본다.

4. 그라스호퍼 기본메뉴에 없는 컴포넌트를 사용해야할 경우, 페이지 우측상단에 ***와 함께 표시된 플러그인을 확인하고 설치**한다.

5. 그림을 보고, **세부옵션**이나 **와이어의 형태를 확인**한다.

당부의 말씀

컴포넌트의 개념부터 하나하나 짚어가자면 책 한권으로도 부족할 것이며,

필자 또한 지루한 설명을 이어가다 지쳐버릴 것이 분명하다.

이 책은 최대한 **그림책이나 지도처럼** 만들고자 하였으며,

어린 아이들이 핸드폰을 가지고 놀듯이, 예제들과 함께 그라스호퍼를 가지고 놀면서

알고리즘과 파라메트릭 사고방식을 배워가길 희망한다.

그라스호퍼의 활용 범위는 모델링 뿐만 아니라 각종 정보를 이용한 시뮬레이션, 데이터 분석까지 무궁무진하다.

그러나 이 책에서는 간단히 따라 만들어 볼 수 있는 Geometry들에 집중하였고,

별도의 라이노 파일이나 특정 설정값 없이 만들 수 있는 예제로만 엮었다.

예제 하나를 한 페이지의 글과 그림으로 담기 위해 최대한 간략하게 표현하고자 했으며,

부족한 설명은 추후 유튜브 영상이나 강의를 통해 더해가고자 한다.

001
100

Box / Extrude / Sphere / Pipe   001-017

Move / Rotate / Orient / Array   018-026

Loft / Sweep / Contour   027-031

Intersect   032-042

Random   043-048

Voronoi & Delaunay   049-053

Graph Mapper   054-060

Expression   061-063

Distance & Remap Numbers   064-068

Pattern (List)   069-074

Surfaces   075-078

Morph   079-081

Panels   082-087

Metaball & Cocoon   088-089

Kangaroo   090-094

Weaverbird   095-100

Box / Extrude / Sphere / Pipe

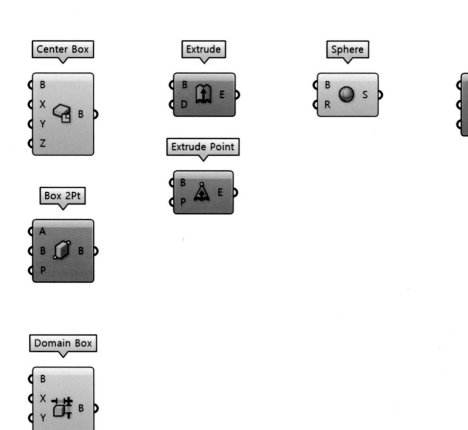

Center Box

B
X
Y
Z
B

Box 2Pt

A
B
P
B

Domain Box

B
X
Y
Z
B

Extrude

B
D
E

Extrude Point

B
P
E

Sphere

B
R
S

Pipe

C
R
E
P

구, 박스, 파이프 등을 이용한 **기초 솔리드** 형태 만들기

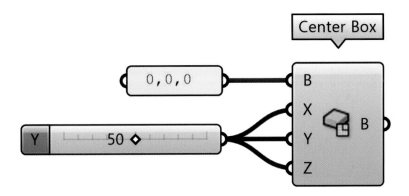

Center Box

0 , 0 , 0

B

Y   50 ◇

X
Y
Z

B

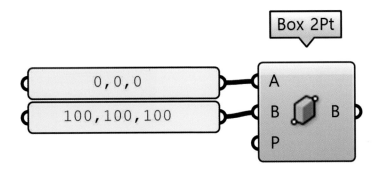

Box 2Pt

0,0,0

100,100,100

A
B
P

B

003 Domain Box

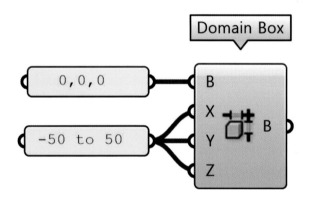

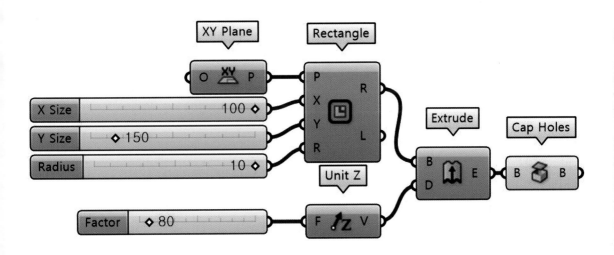

XY Plane

Rectangle

X Size [100 ◇]

Y Size [◇ 150]

Radius [10 ◇]

Unit Z

Extrude

Cap Holes

Factor [◇ 80]

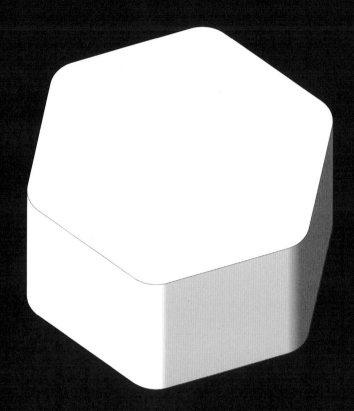

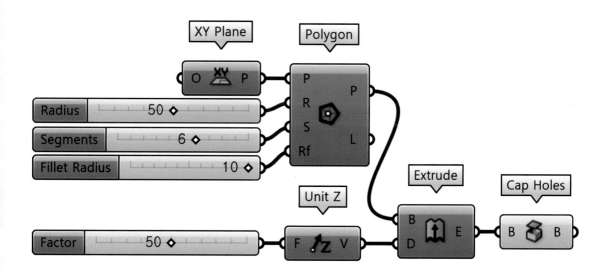

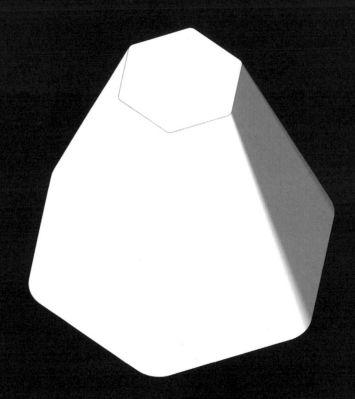

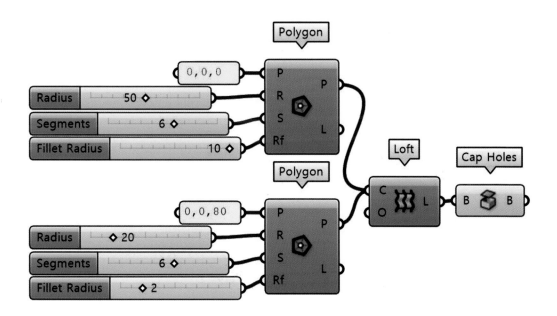

Polygon

0,0,0

Radius 50

Segments 6

Fillet Radius 10

P
R
S
Rf

P

L

Polygon

0,0,80

Radius 20

Segments 6

Fillet Radius 2

P
R
S
Rf

P

L

Loft

C
O

L

Cap Holes

B

B

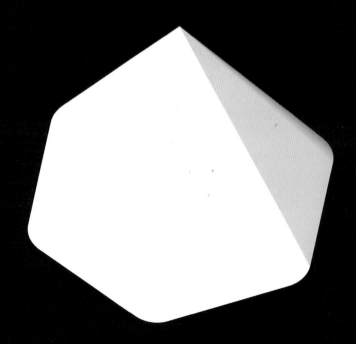

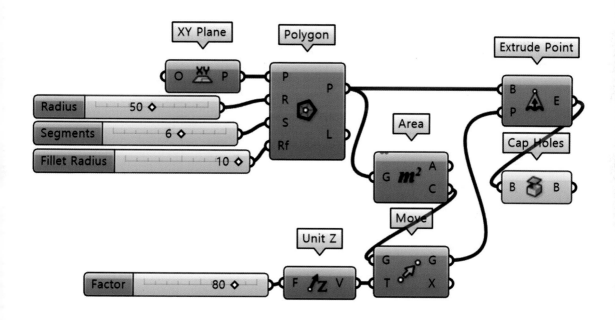

XY Plane

Polygon

Extrude Point

Radius 50 ◇

Segments 6 ◇

Fillet Radius 10 ◇

Area

Cap Holes

Unit Z

Move

Factor 80 ◇

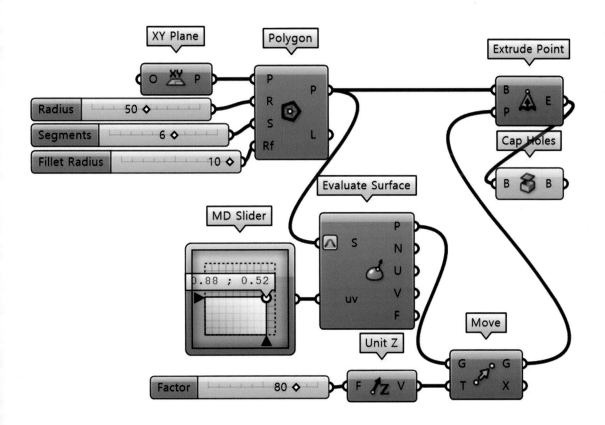

XY Plane

Polygon

Extrude Point

Cap Holes

Radius   50 ◇

Segments   6 ◇

Fillet Radius   10 ◇

Evaluate Surface

MD Slider

0.88 ; 0.52

Move

Unit Z

Factor   80 ◇

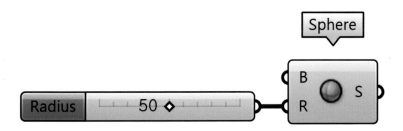

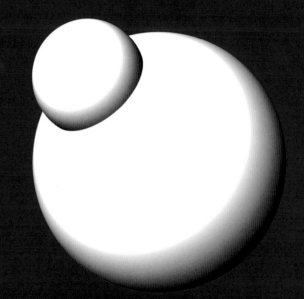

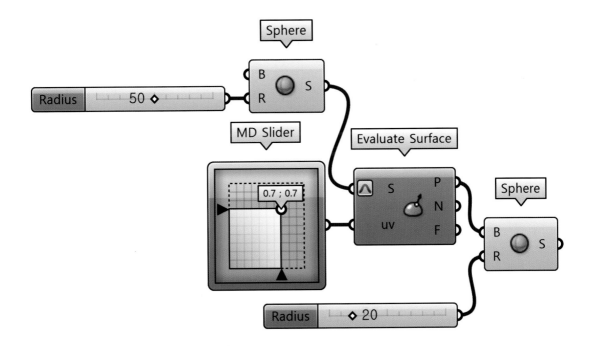

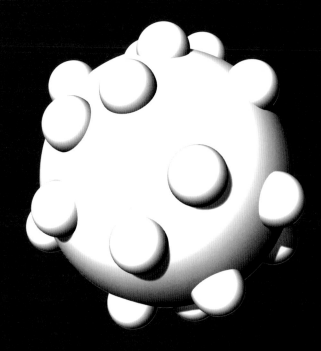

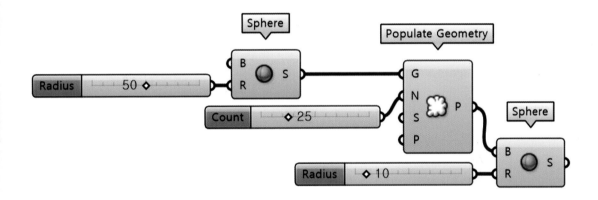

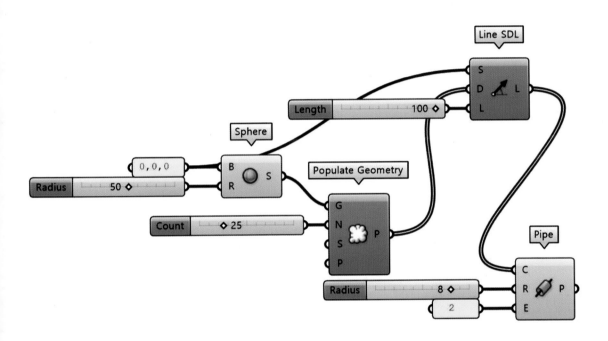

013 Sphere / Populate Geometry / Vector 2Pt / Scale / Line / Pipe / Circle CNR / Boundary Surfaces / Amplitude / Extrude

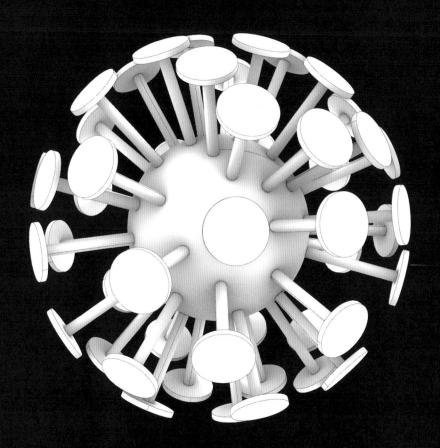

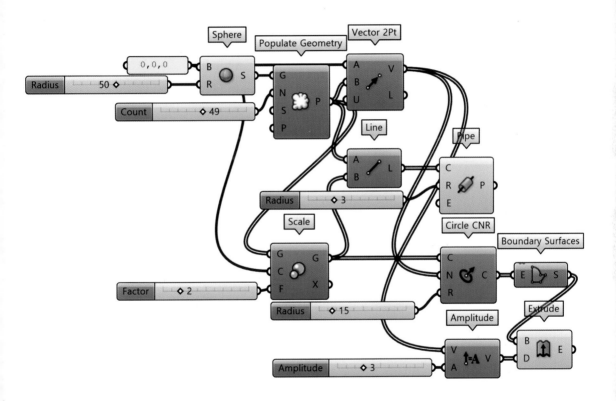

Radius **50**

0,0,0

Sphere

B
R
S

Count **49**

Populate Geometry

G
N
S
P
P

Vector 2Pt

A
B
U
V
L

Line

A
B
L

Radius **3**

Pipe

C
R
E
P

Scale

G
C
F
G
X

Factor **2**

Circle CNR

C
N
R
C

Radius **15**

Boundary Surfaces

E
S

Amplitude

V
A
A
V

Amplitude **3**

Extrude

B
D
E

GRASSHOPPER GEOMETRY 075

014 XY Plane / Series / Circle / Pipe / List Item / Point On Curve / Point On Curve / Point On Curve / Merge / Merge / Sphere

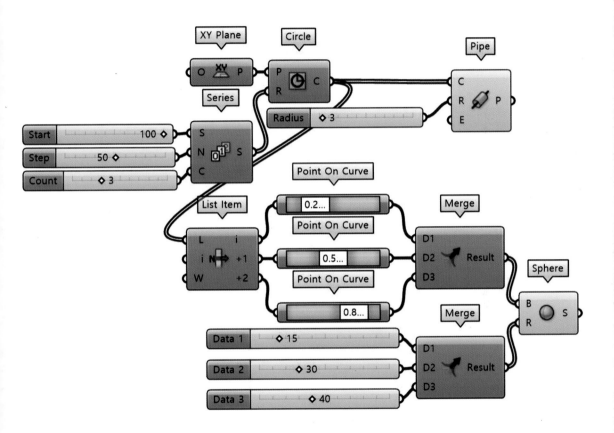

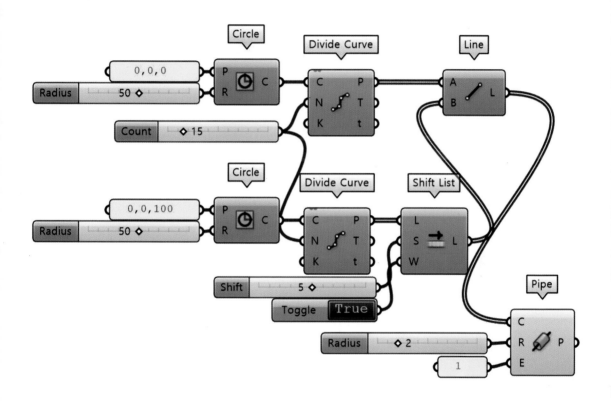

016   XY Plane / Arc / Divide Curve / YZ Plane / Arc / Divide Curve / Line / Pipe / Pipe

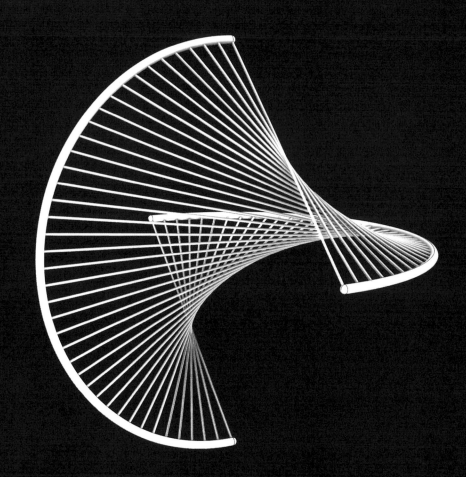

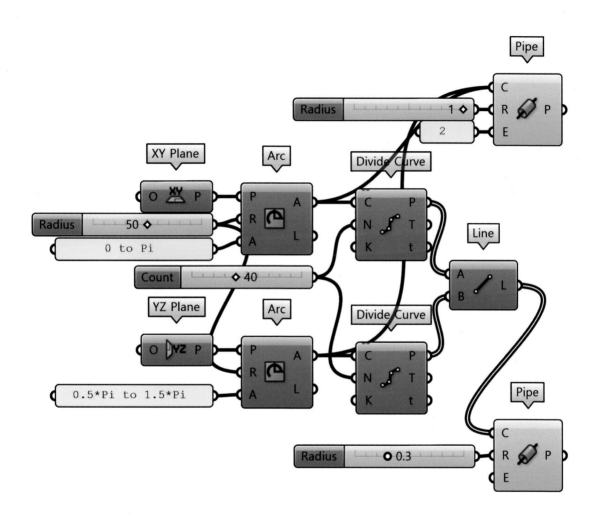

Pipe

Radius 1 ◇
2

XY Plane

O P

Radius 50 ◇

0 to Pi

Count ◇ 40

Arc

P A
R
A L

Divide Curve

C P
N T
K t

Line

A L
B

YZ Plane

O P

0.5*Pi to 1.5*Pi

Arc

P A
R
A L

Divide Curve

C P
N T
K t

Pipe

C
R P
E

Radius ○ 0.3

017

Box 2Pt / Deconstruct Brep / Point List / List Item / PolyLine / Fillet / Pipe

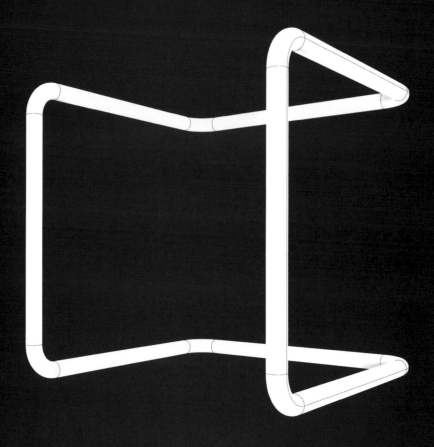

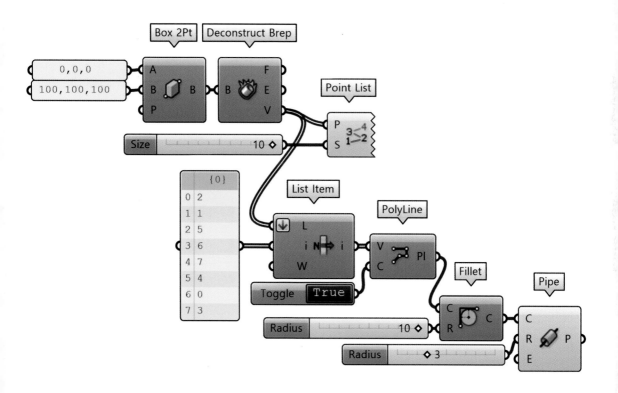

Box 2Pt   Deconstruct Brep

0,0,0
100,100,100

A
B   B
P

F
B   E
V

Point List

P
S

3 4
1 2

Size   10 ◇

{0}
0 2
1 1
2 5
3 6
4 7
5 4
6 0
7 3

List Item

L
i N i
W

PolyLine

V
C   Pl

Toggle   True

Fillet

C
R   C

Pipe

C
R   P
E

Radius   10 ◇

Radius   ◇ 3

Move / Rotate / Orient / Array

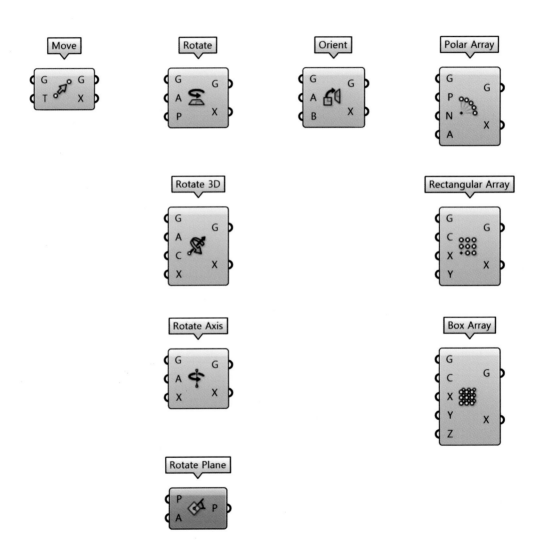

이동하거나 회전, 배치하여 형태 만들기

Domain Box / Domain Box / Expression / Series / Unit Z / Move / Bounds / Remap Numbers / Area / Rotate

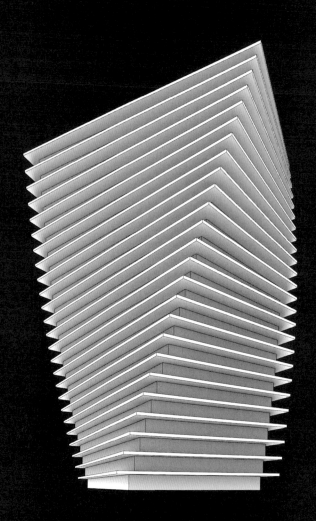

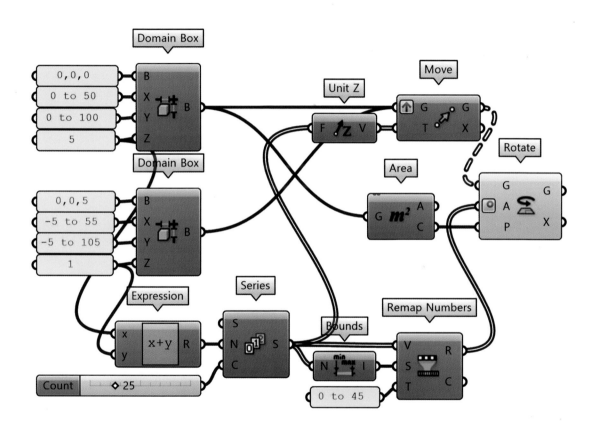

019 Circle / Evaluate Curve / Unit Z / Move / Interpolate / Divide Curve / Deconstruct / Construct Point / Vector 2Pt / Plane Normal / Center Box

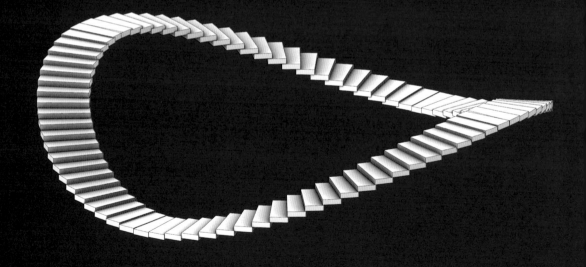

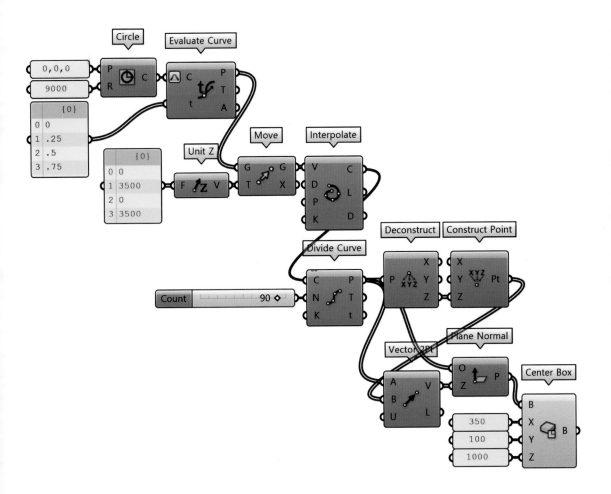

Circle

Evaluate Curve

0,0,0

9000

{0}
0 0
1 .25
2 .5
3 .75

P
R

C

C
t

P
T
A

{0}
0 0
1 3500
2 0
3 3500

Unit Z

Move

Interpolate

F

V

G
T

G
X

V
D
P
K

C
L
D

Divide Curve

Count   90 ◇

C
N
K

P
T
t

Deconstruct

Construct Point

P

X
Y
Z

X
Y
Z

Pt

Plane Normal

Vector 2Pt

A
B
U

V

L

O
Z

P

Center Box

350

100

1000

B
X
Y
Z

B

020 Unit X / Line SDL / List Item / Addition / Divide Curve / Random / Unit Y / Move / PolyLine / Divide Curve / Random / Unit Y / Move / PolyLine / Divide Curve / Random / Unit Y / Move / PolyLine / Merge / Loft / Unit Y / Extrude

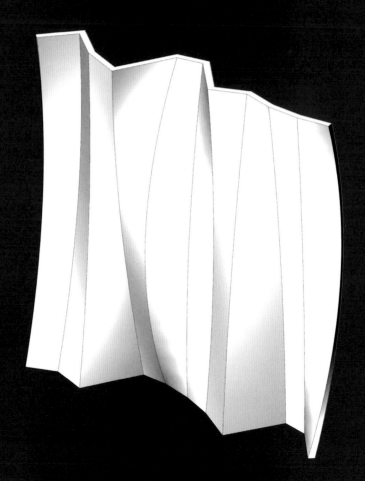

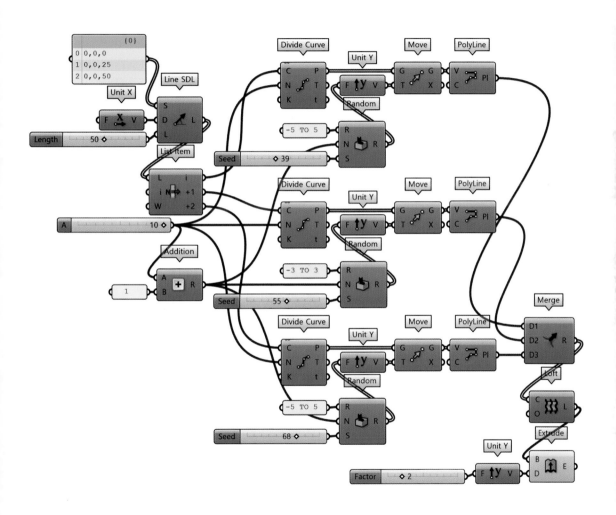

Hexagonal / Subtraction / Circle / Bounding Rectangle / Boundary Surfaces / MD Slider / Evaluate Surface / Unit Z / Move / Vector 2Pt / Circle CNR / Boundary Surfaces / Offset Surface

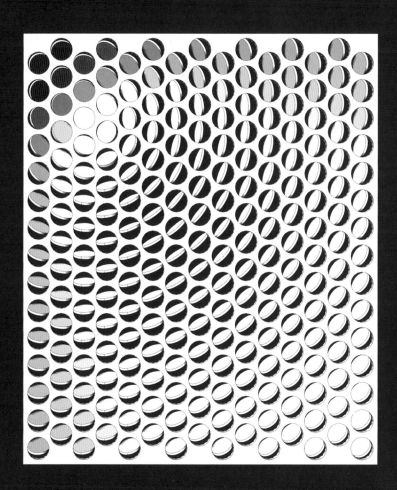

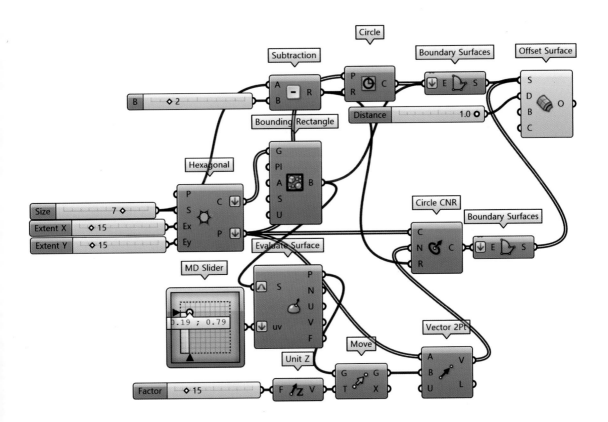

Rectangular / Explode / Point On Curve / List Item / Closest Point / Multiplication / Unit Z / Move / Interpolate / Pipe

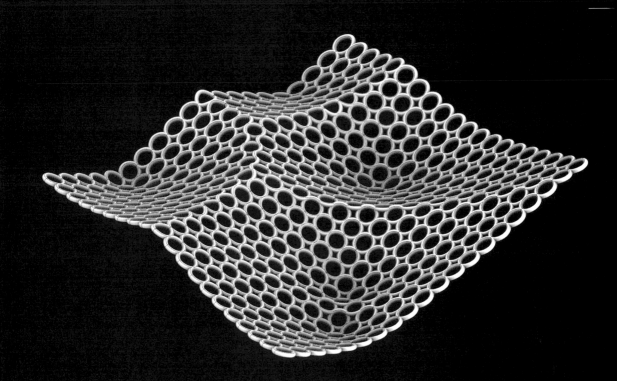

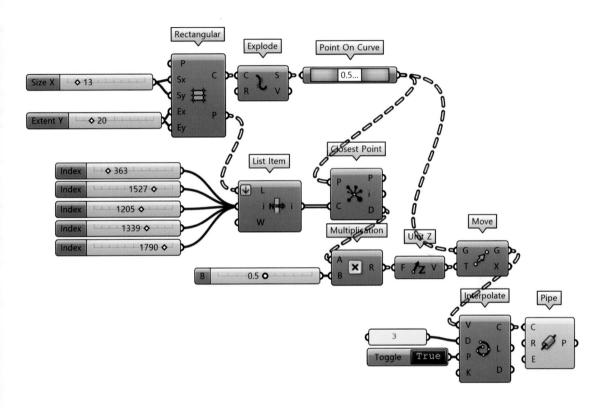

Size X ◇ 13

Extent Y ◇ 20

Rectangular
P
Sx   C
Sy
Ex
Ey   P

Explode
C   S
R   V

Point On Curve
0.5...

Index ◇ 363
Index 1527 ◇
Index 1205 ◇
Index 1339 ◇
Index 1790 ◇

List Item
L
i   i
W

Closest Point
P   P
     i
C   D

Multiplication
A   R
B

B   0.5 ◇

Unit Z
F   V

Move
G   G
T   X

Interpolate
V   C
D   L
P
K   D

3

Toggle True

Pipe
C
R   P
E

023 Circle / Perp Frames / List Item / Merge/ Range / Radians / Rotate Plane / Polygon / List Item / List Item / Ruled Surface / Shift List / Shift List / Ruled Surface / Brep Join / Pipe

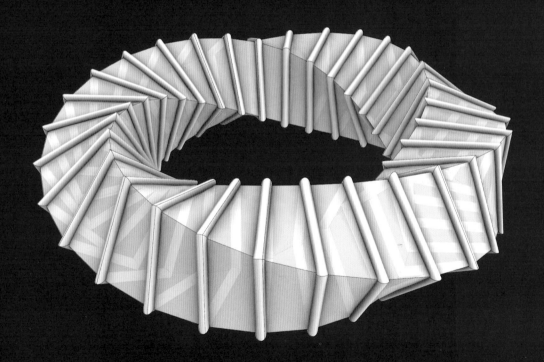

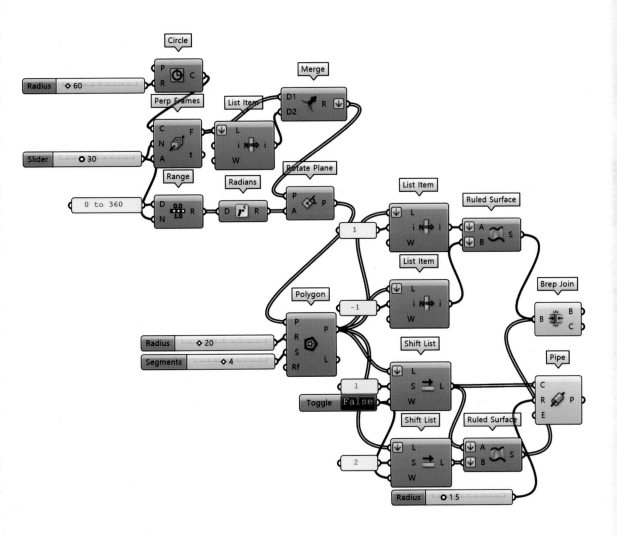

024

XZ Plane / Range / Rotate / Range / Rotate Plane /
Negative / Construct Domain / Negative / Construct
Domain / Rectangle / Loft / Deconstruct Brep / List
Item / Range / Construct Point / Iso Curve / Pipe

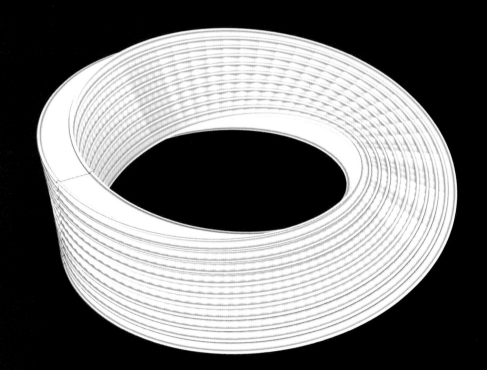

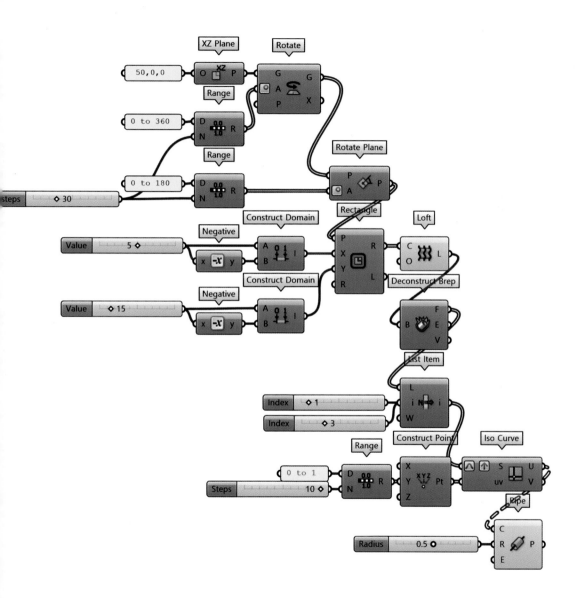

XZ Plane

Rotate

50,0,0

Range

0 to 360

Range

0 to 180

steps   30

Construct Domain

Negative

Value   5

Construct Domain

Negative

Value   15

Rotate Plane

Rectangle

Loft

Deconstruct Brep

Last Item

Index   1

Index   3

Range

0 to 1

Steps   10

Construct Point

Iso Curve

Pipe

Radius   0.5

Square / List Length / Random / Unit Z / Move / Expression / Surface From Points / Division / Multiplication / Square / Area / Unit Z / Line SDL / Brep-Curve / Expression / Center Box

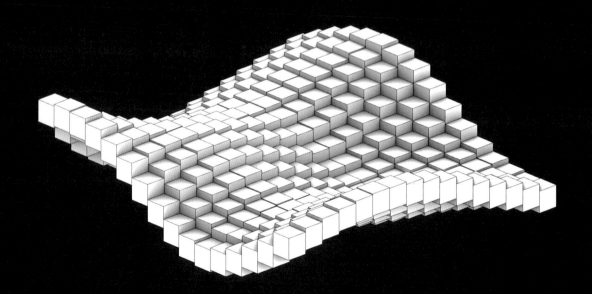

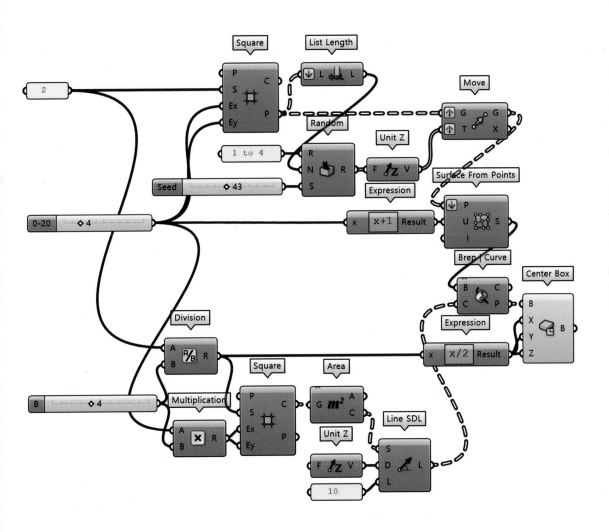

Square

List Length

Move

Random

Unit Z

Surface From Points

Seed ◇ 43

Expression

Brep | Curve

Center Box

Division

Expression

Square

Area

Multiplication

Unit Z

Line SDL

026 Polygon / Explode / List Item / End Points / Point On Curve / Unit Z / Move / Merge / Interpolate (t) / Polygon / Explode / List Item / End Points / Unit Z / Arc SED / Perp Frames / List Item / Mirror / Merge / Sweep2 / Polar Array / Brep Join / Point On Curve / Scale / Orient / Offset Surface

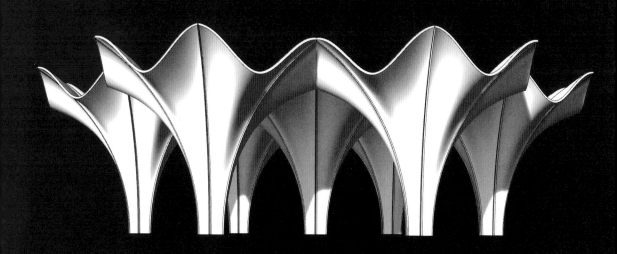

* Offset Surface : Pufferfish

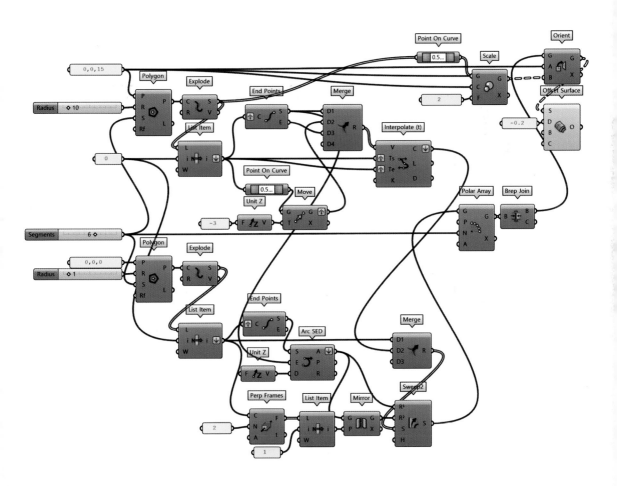

Loft / Sweep / Contour

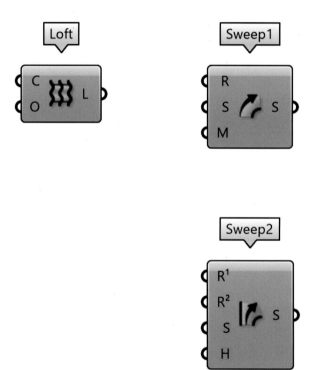

Loft, Sweep등으로 **면을 만들고** Contour로 **단면선을 축출**해 형태 만들기

027 Unit Y / Line SDL / Project / Loft / Unit Y / Line SDL / Project / Negative / Rotate / Loft / Loft / Brep Join / Contour / Unit Z / Extrude / Cap Holes

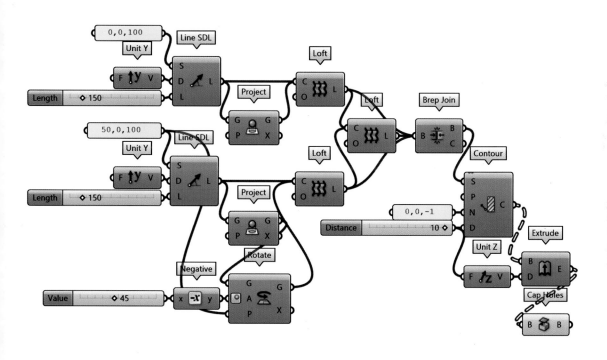

Unit Z / Line SDL / Range / Merge / Pipe Variable / Unit X / Contour / Unit Y / Contour / Offset Surface / Solid Union

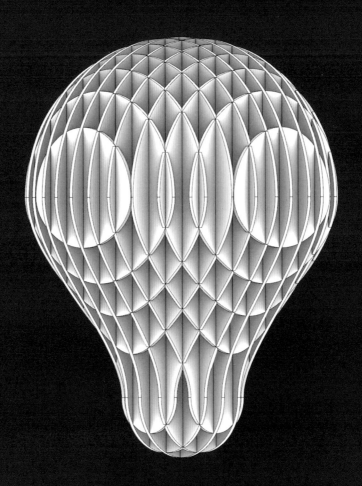

* Offset Surface : Pufferfish

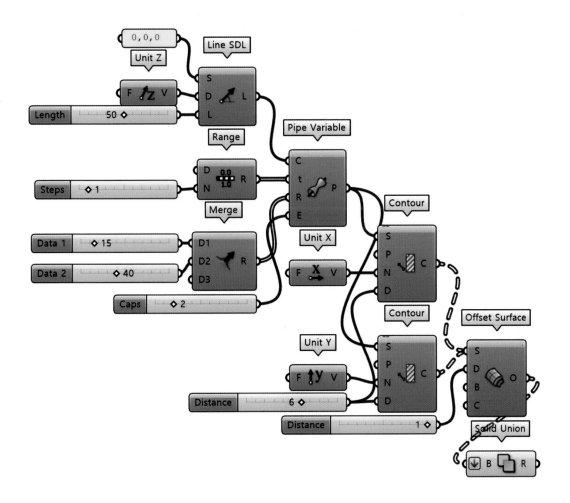

029 XZ Plane / Rectangle / Unit Y / Move / Loft / Cap Holes / Elipse / Rotate / Move / Expression / Rotate / Loft / Cap Holes / Contour / Boundary Surfaces / Unit Z / Extrude / Solid Difference

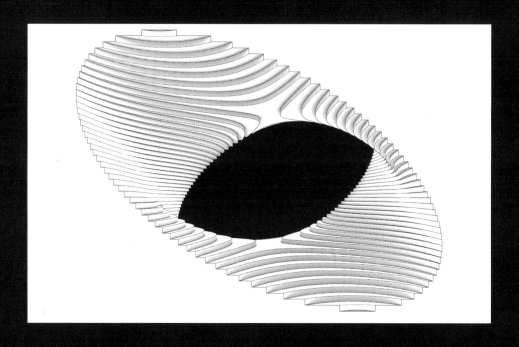

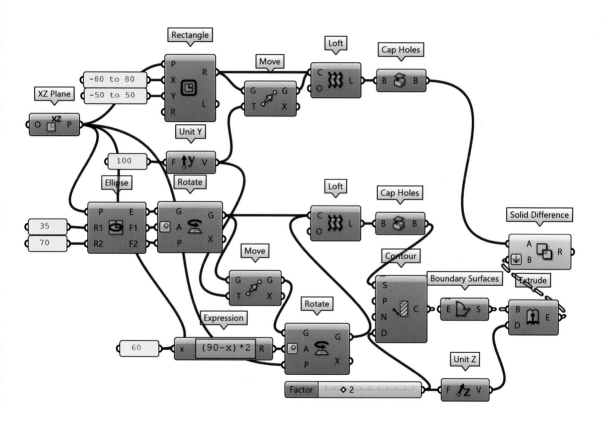

030 Circle / Range / Multiplication / Repeat Data / Evaluate Curve / List Length / Expression / Range / Unit Z / Move / Interpolate / Offset / End Points / End Points / Line / Sweep2 / Unit Z / Contour / Rotate / Loft / Unit Z / Extrude

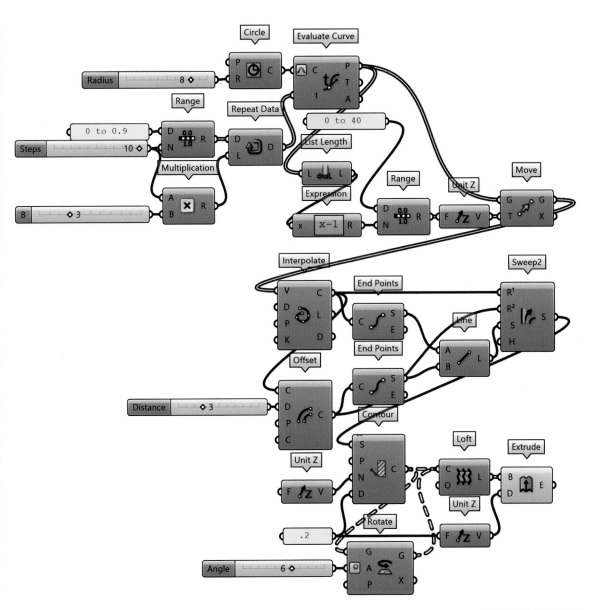

Range / Remap Numbers / Graph Mapper / Remap Numbers / Construct Point / Construct Point / Interpolate / Interpolate / Loft / Unit Z / Contour / Center Box / Subtraction / Subtraction / Center Box / Solid Difference / Cap Holes / Unit X / Contour / Orient

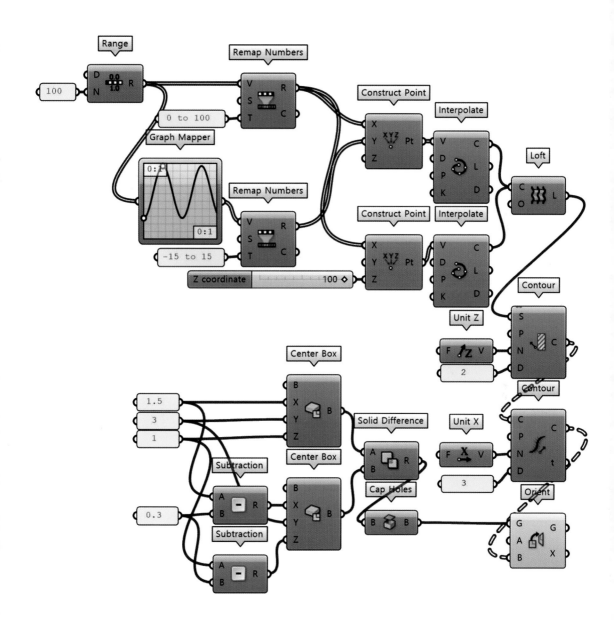

Intersect

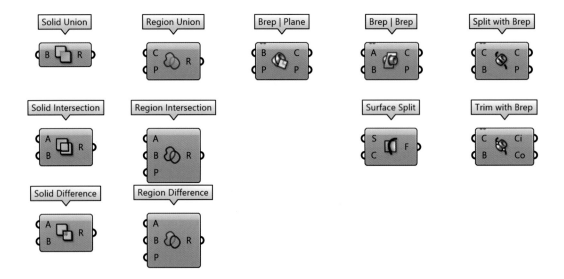

합집합, 교집합, 차집합, 교차등을 활용한 형태를 만들기

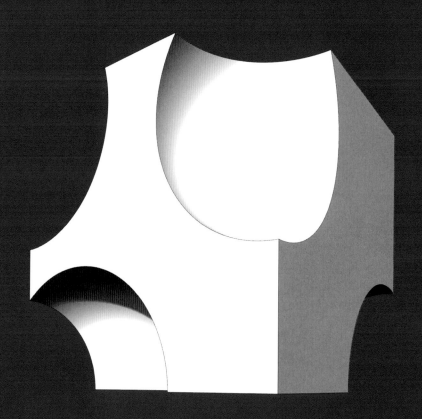

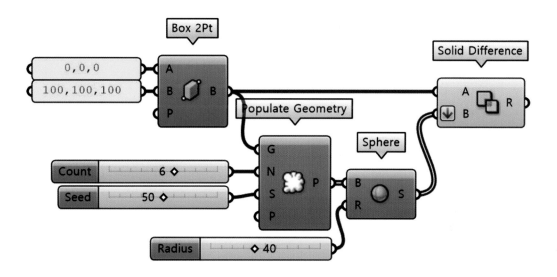

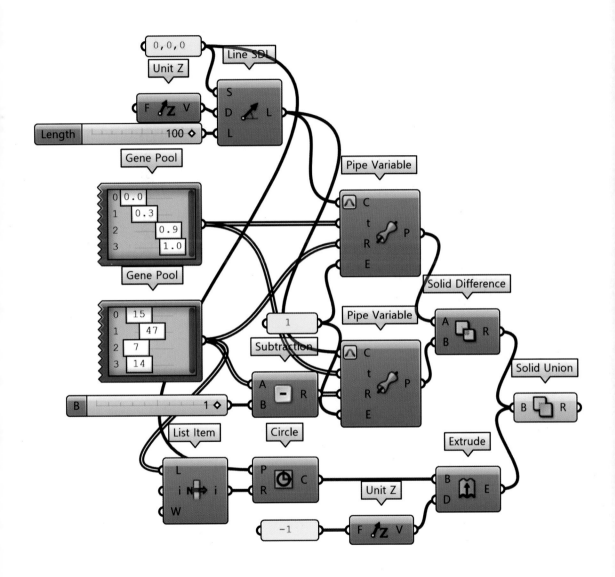

0,0,0

Unit Z

F ↯Z V

Length 100 ◇

Gene Pool

0	0.0	
1	0.3	
2	0.9	
3	1.0	

Gene Pool

0	15	
1	47	
2	7	
3	14	

B 1 ◇

Line SDL

S
D L
L

Pipe Variable

C
t
R P
R
E

Pipe Variable

C
t
R P
R
E

1

Subtraction

A
— R
B

Solid Difference

A
R
B

Solid Union

B R

List Item

L
i N i
W

Circle

P
C
R

Unit Z

Extrude

B
E
D

Unit Z

−1

F ↯Z V

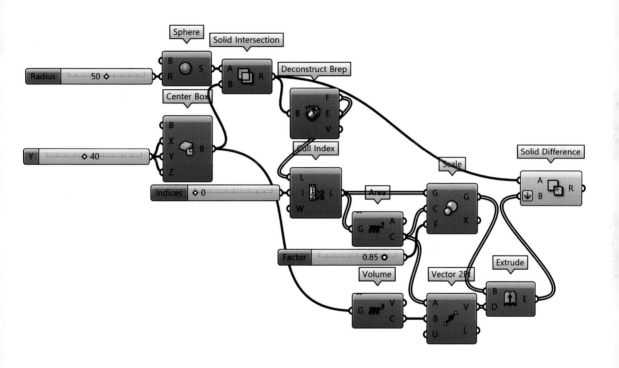

Sphere
Solid Intersection
Deconstruct Brep
Center Box
Cull Index
Scale
Solid Difference
Radius   50 ◇
Y   ◇ 40
Indices   ◇ 0
Area
Factor   0.85 ◇
Volume
Vector 2Pt
Extrude

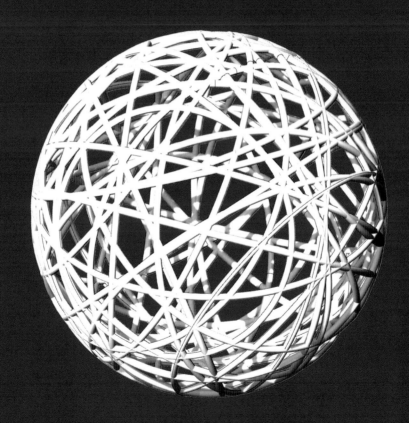

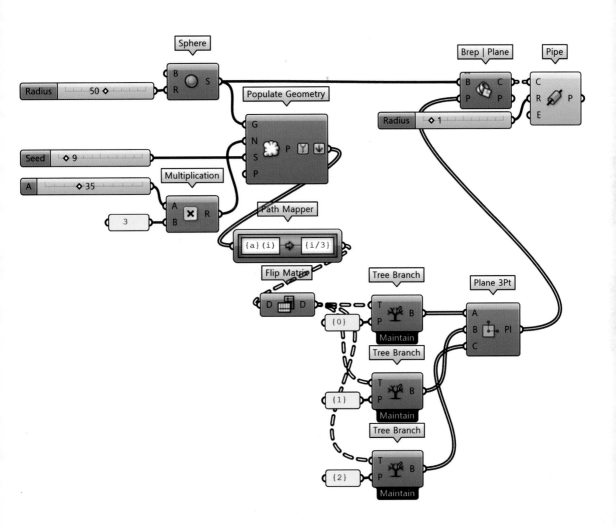

Center Box / FilletBox / Sphere / Range / Scale / Brep-
Brep / Pipe

* FilletBox : FilletBox

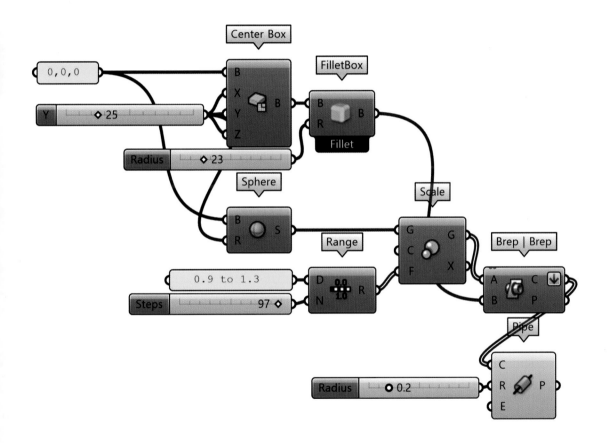

037 Circle / Perp Frames / Rectangle / Random / Random / Scale NU / Loft / Shatter / List Item / Perp Frames / Shift List / Brep-Plane / Offset Surface / Cap Holes

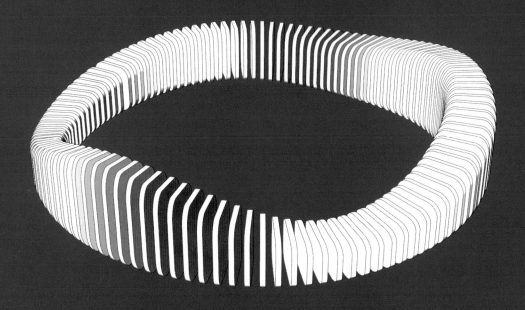

* Offset Surface : Pufferfish

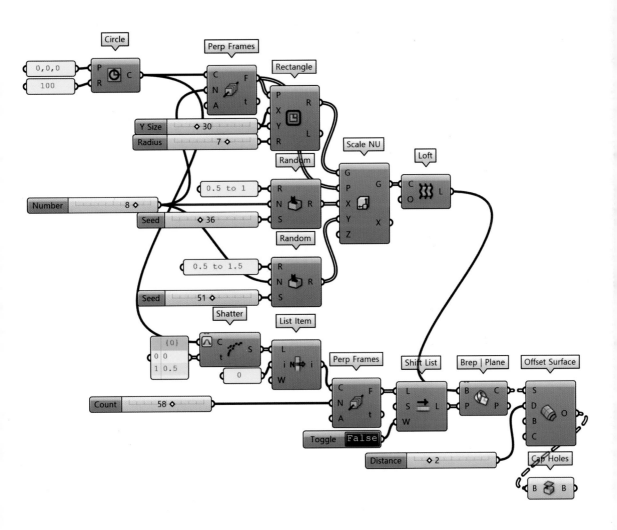

Square / Circle / Division / Subtraction / Circle / Boundary Surfaces / Unit Z / Extrude / Expression / Subtraction / Division / Construct Point / Sphere / Scale NU / Solid Difference

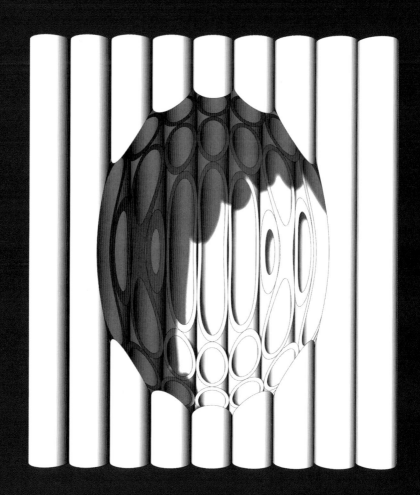

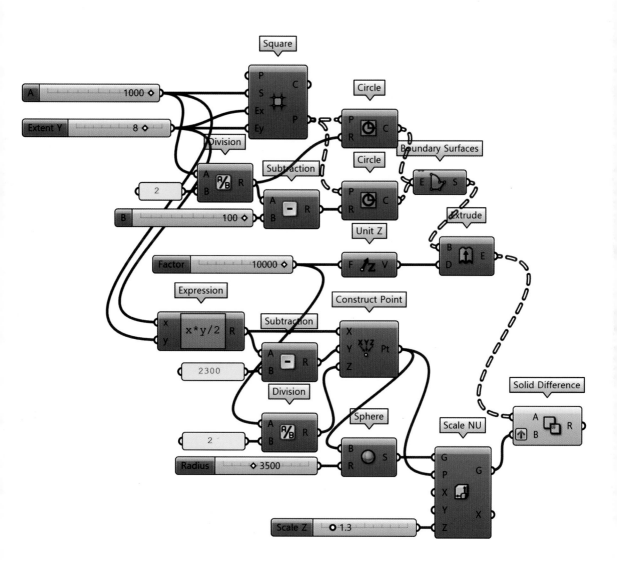

039 Circle / Random / Shatter / Length / Point On Curve / Expression / Sphere / Scale NU / Circle / Random / Shatter / Length / Point On Curve / Expression / Sphere / Scale NU / Loft / Cap Holes / Solid Difference / Deconstruct Brep / List Item / Offset Surface

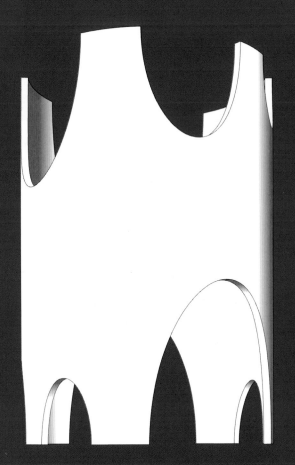

* Offset Surface : Pufferfish

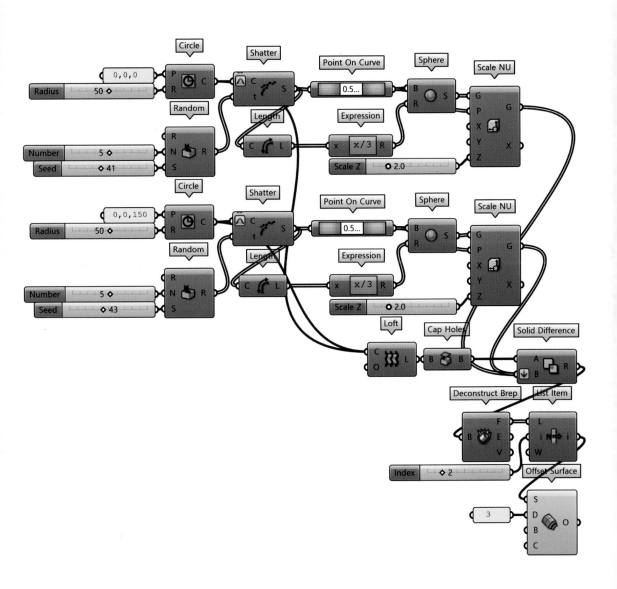

040 Triangular / Explode / removeDuplicatePts / Point List / List Item / Circle / Multiplication / List Item / Circle / Region Difference / Area / Unit Z / Move / Evaluate Curve / List Item / Sphere 4Pt / Project / List Item / Patch / Offset Surface / Triangular / Explode / removeDuplicatePts / Orient

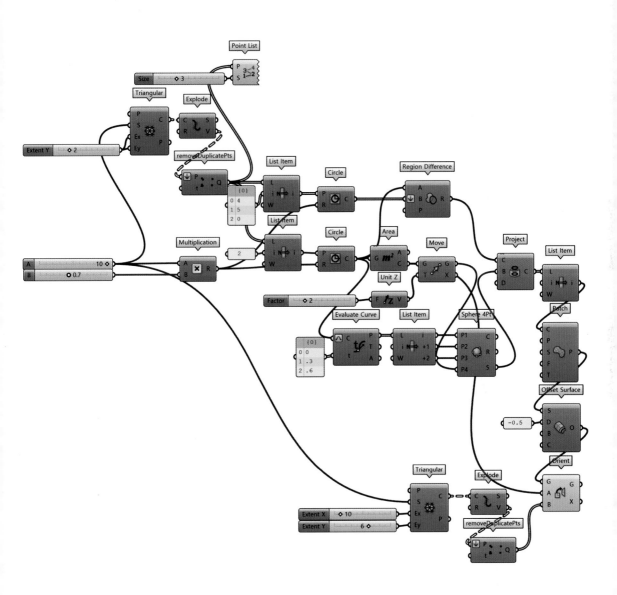

Circle / Negative / Construct Point / Hexagonal / Area
/ Scale / Point In Curve / Cull Pattern / Flip Matrix
/ Sphere / Volume / Scale NU / Distance / Bounds /
Remap Numbers / Boundary Surfaces / Unit Z / Extrude
/ Solid Difference

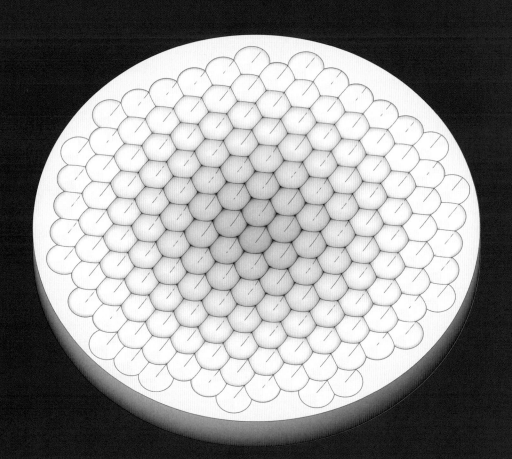

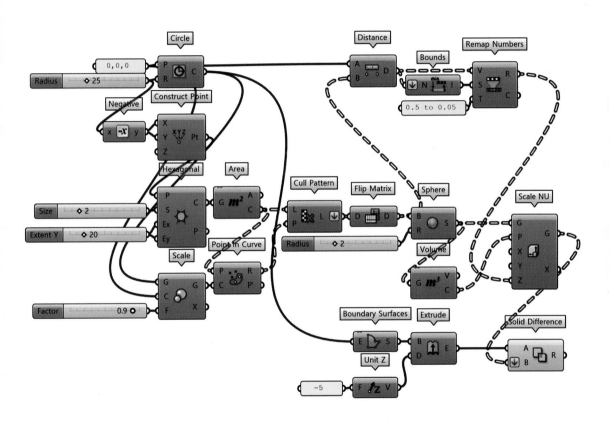

042 Center Box / FilletBox / Sphere / Triangle Panels B / MD Slider / Evaluate Surface / Line SDL / Trim with Brep / Pipe

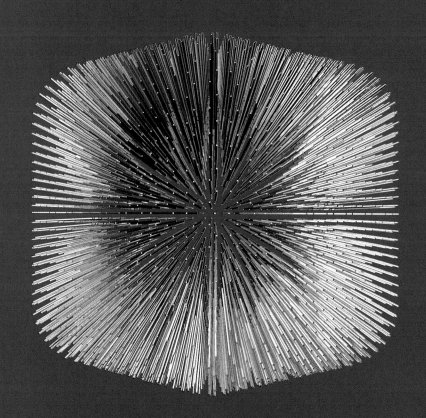

* FilletBox : FilletBox
* Triangle Panel B : LunchBox

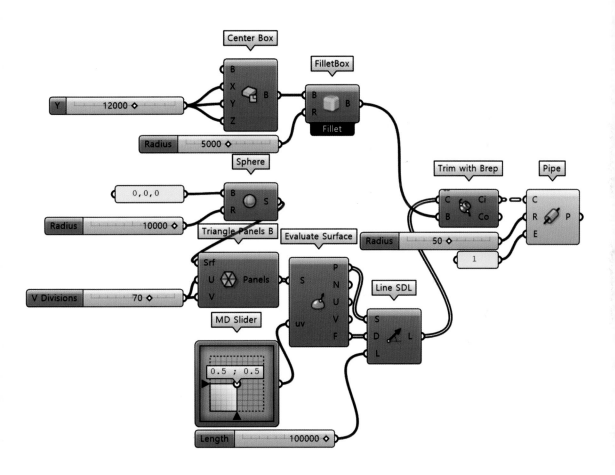

Random

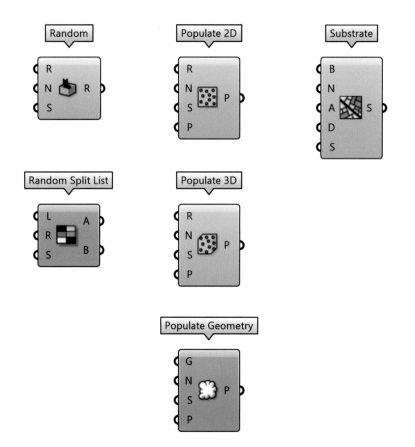
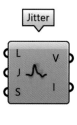

무작위 선택으로 형태를 결정하는 방법으로
Seed에 경우의 수를 꽂아 다양한 옵션을 만든다.

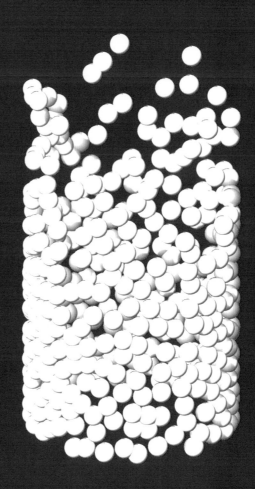

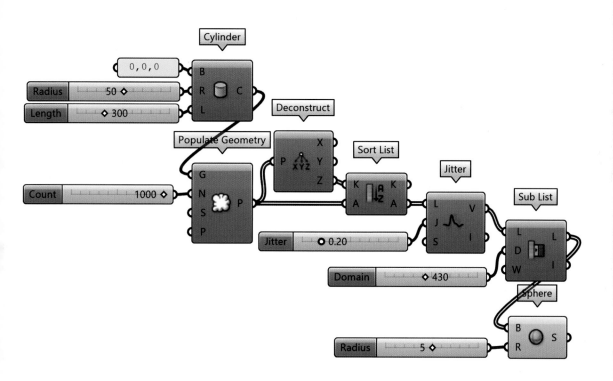

Cylinder

0, 0, 0

Radius 50

Length 300

Populate Geometry

Deconstruct

Sort List

Jitter

Sub List

Count 1000

Jitter 0.20

Domain 430

Sphere

Radius 5

Construct Point / Box 2Pt / Box Array / Multiplication / Construct Point / Box 2Pt / Volume / Scale / Volume / Point In Brep / Dispatch / Random Reduce / Brep

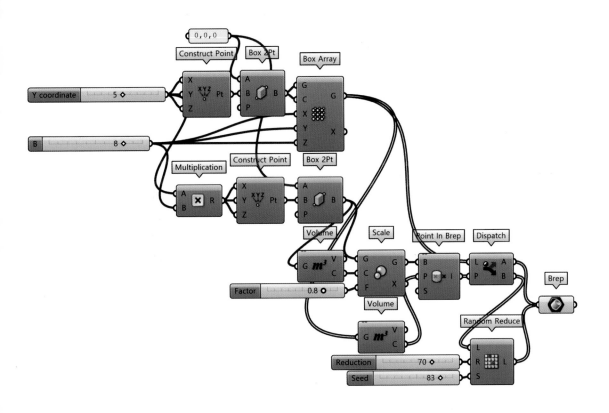

XY Plane / Rectangle / Substrate / Surface Split / List Length / Random / Unit Z / Extrude

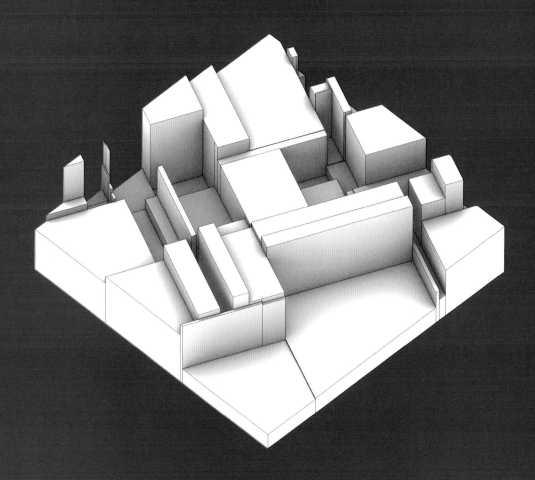

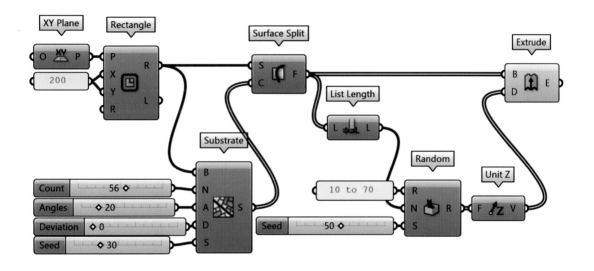

XY Plane

Rectangle

Surface Split

Extrude

List Length

Substrate

Random

Unit Z

Count 56

Angles 20

Deviation 0

Seed 30

Seed 50

200

10 to 70

046 Square / Random Split List / Explode / Point On Curve / List Item / Unit Y / Negative / Arch SED / Arc SED / Explode / Point On Curve / List Item / Unit X / Negative / Arc SED / Arc SED / Join Curves / Unit Z / Extrude / Offset Surface

* Random Split List : LunchBox
* Offset Surface: Pufferfish

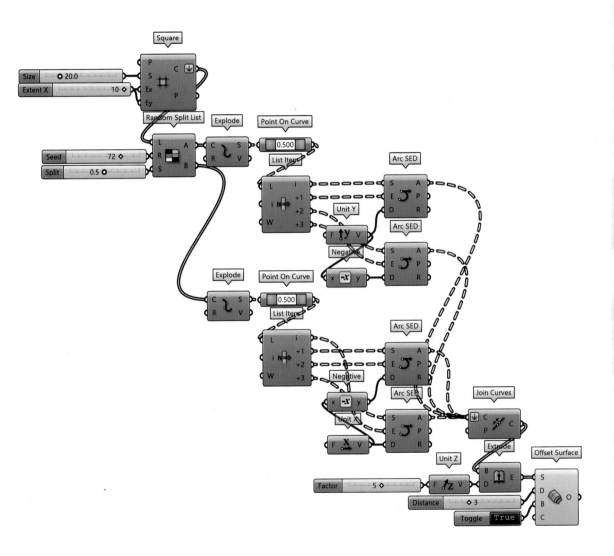

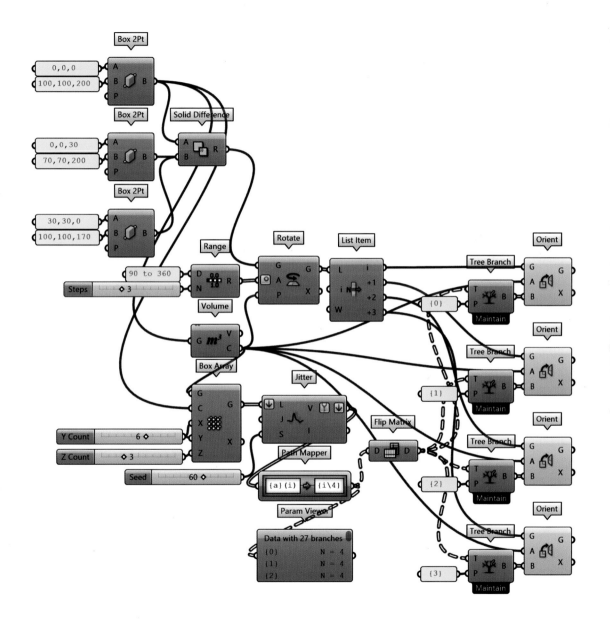

048 Sphere / Populate 3D / Point In Brep / Cull Pattern / Proximity 3D / removeDuplicateLines / Scale / Populate 3D / Point In Brep / Cull Pattern / Line / Shortest Walk / Explode / removeDuplicateLines / Exowireframe

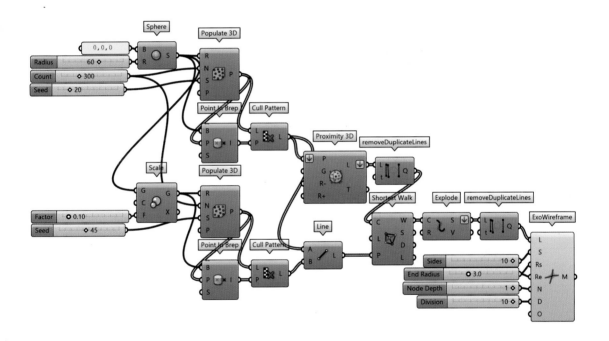

Voronoi & Delaunay

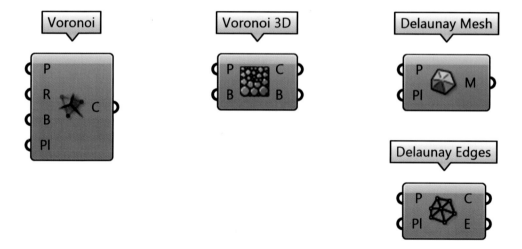

Voronoi : 특정 점까지의 거리가 가장 가까운 점의 집합으로 분할

Delaunay : 최대한 정삼각형 모양에 가깝게 분할

049 Rectangle / Area / Populate 2D / Distance / Sort List / Sub List / Voronoi / Deconstruct Brep / Nurbs Curve / Offset Curve / Rebuild Curve / Boundary Surfaces / Unit Z / Extrude

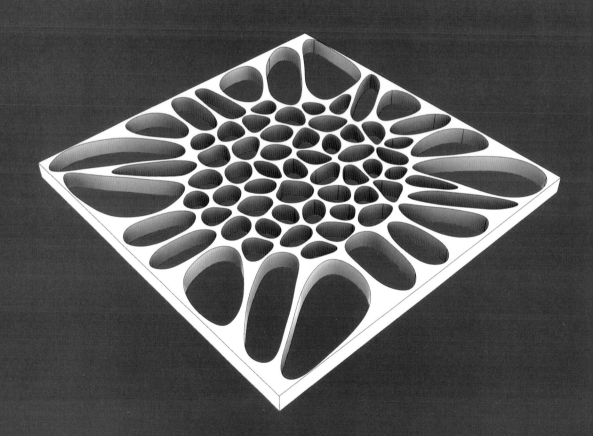

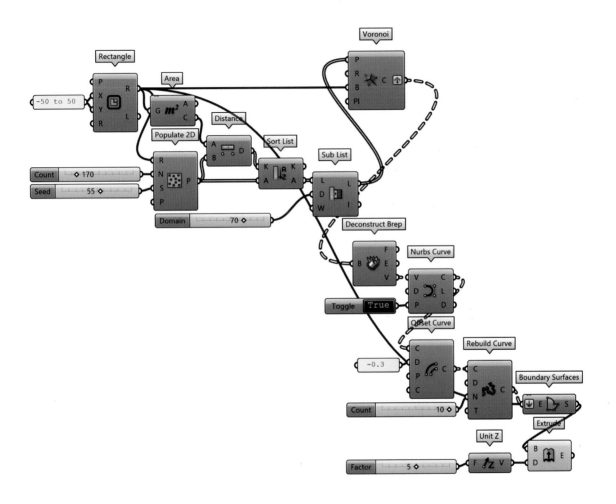

050 Sphere / Scale / Addition / Center Box / Scale / Populate Geometry / Voronoi 3D / Volume / Scale / Solid Difference / Solid Intersection / Solid Difference

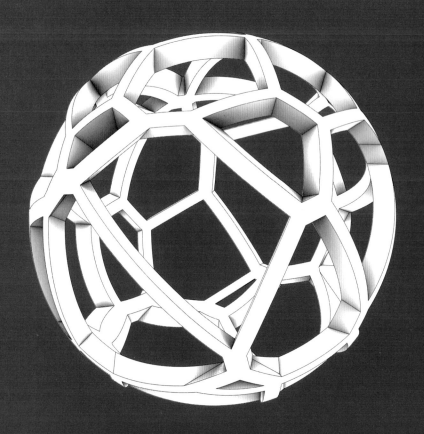

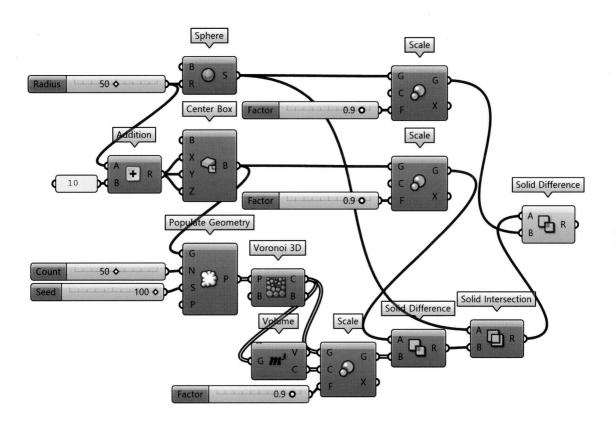

Sphere / Populate Geometry / Voronoi 3D / Scale / Brep-Brep / Explode / PolyLine / Patch / Flip / Average / Surface Closest Point / Evaluate Surface / Scale / Multiplication / Move / Loft / List Item / Fragment Patch / Brep Join

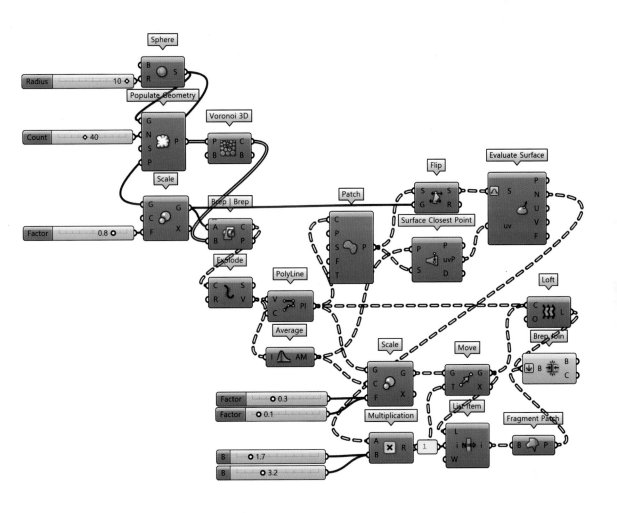

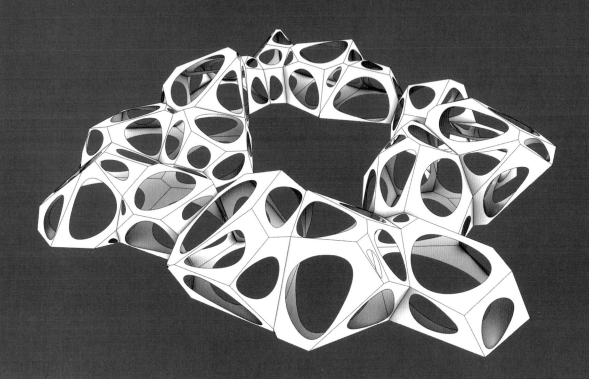

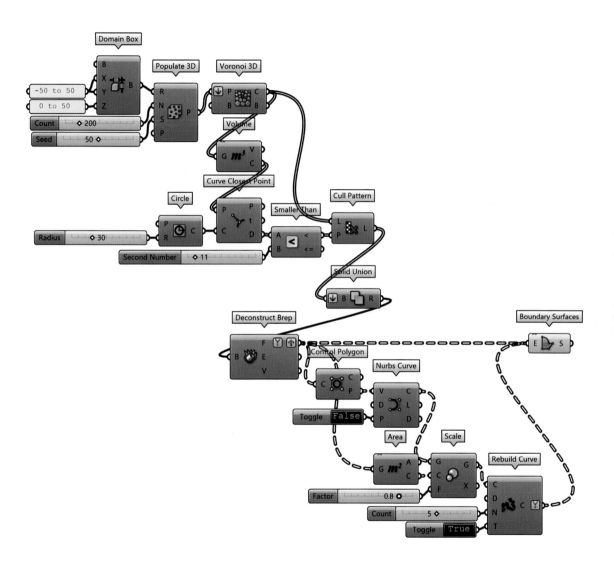

Domain Box

-50 to 50
0 to 50
Count ◇ 200
Seed 50 ◇

Populate 3D

Voronoi 3D

Volume

Circle

Curve Closest Point

Smaller Than

Cull Pattern

Radius ◇ 30

Second Number ◇ 11

Solid Union

Deconstruct Brep

Boundary Surfaces

Control Polygon

Nurbs Curve

Toggle False

Area

Scale

Rebuild Curve

Factor 0.8 ◇

Count 5 ◇

Toggle True

053 Rectangle / Deconstruct Brep / Point On Curve / Unit Z / Move / Scale / Populate 2D / Construct Domain / Random / Unit Z / Move / Point / Delaunay Mesh / Delaunay Edges / Pipe

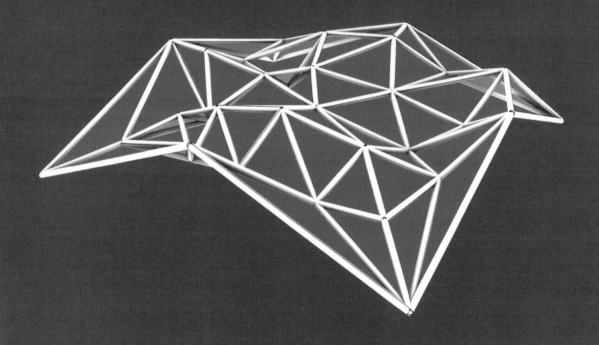

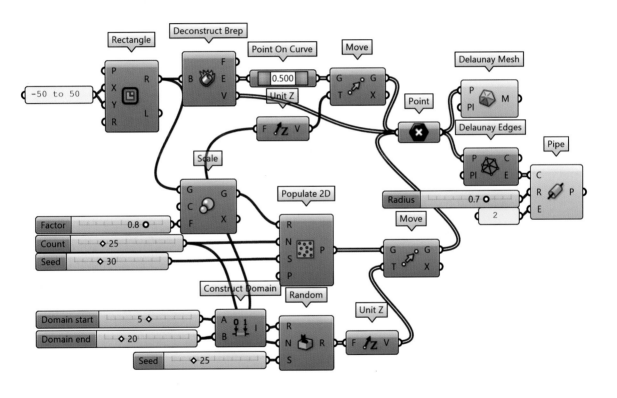

Rectangle

Deconstruct Brep

Point On Curve

Move

Delaunay Mesh

Delaunay Edges

Pipe

Point

Unit Z

Scale

Populate 2D

Radius

Move

Construct Domain

Random

Unit Z

-50 to 50

Factor   0.8
Count   25
Seed   30

Domain start   5
Domain end   20

Seed   25

0.500

0.7

2

Graph Mapper

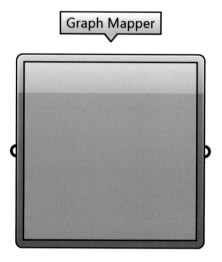

Sine, Parabola, Beizer 등 **그래프를 활용**하여 형태 만들기

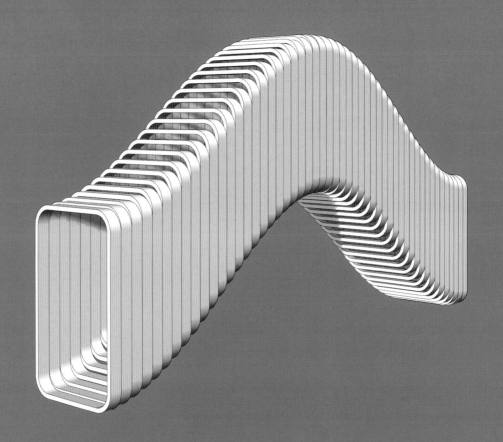

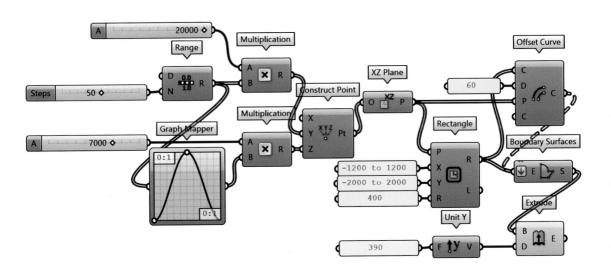

A · 20000 ◇

Range

Multiplication

Offset Curve

Steps · 50 ◇

D · 0.0 · R
N · 1.0

A · R
B · X

XZ Plane

60

C
D
P
C

Multiplication

Construct Point

O · XZ · P

C

Graph Mapper

A · 7000 ◇

A · R
B · X

X · XYZ · Pt
Y
Z

Rectangle

Boundary Surfaces

0:1

0:1

P · R
X
Y
R · L

-1200 to 1200
-2000 to 2000
400

E · S

Extrude

Unit Y

390

F · ↑y · V

B · E
D

055 Unit X / Line SDL / Perp Frames / Rectangle / Rectangle / Boundary Surfaces / Range / Graph Mapper / Multiplication / Rotate / List Item / Multiplication / Unit X / Extrude

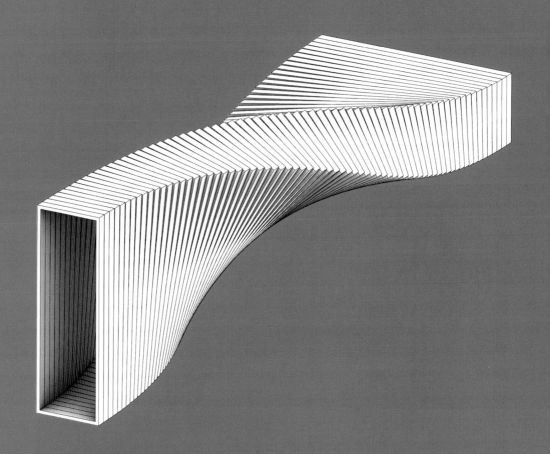

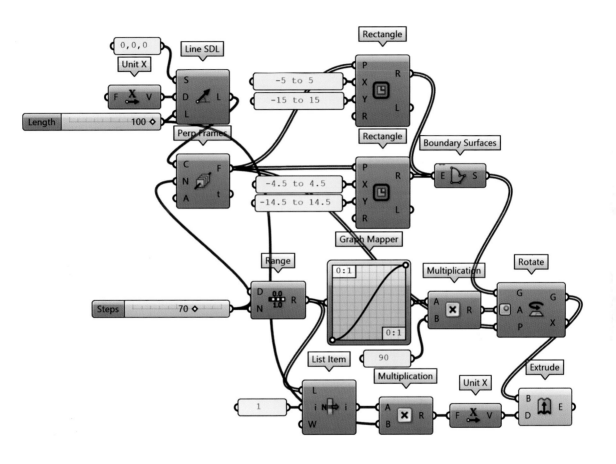

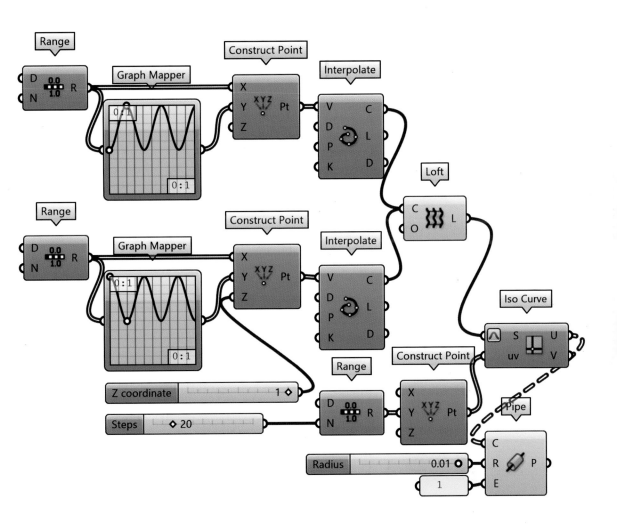

Circle / Perp Frames / Rectangle / Expression / Range / Rotate / Range / Graph Mapper / Scale / Divide Curve / Flip Matrix / Interpolate / Pipe

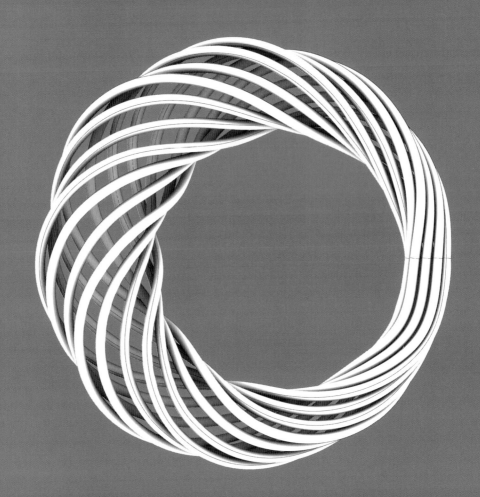

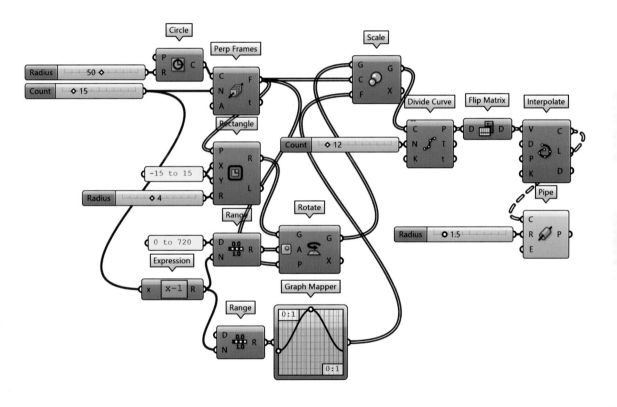

Circle

Radius   50 ◇

Count   ◇ 15

Perp Frames

Scale

Rectangle

Divide Curve

Flip Matrix

Interpolate

-15 to 15

Count   ◇ 12

Radius   ◇ 4

Range

Rotate

Radius   ○ 1.5

0 to 720

Expression

x   x-1   R

Graph Mapper

Range

0:1

0:1

Pipe

Arc / Series / Offset / Divide Curve / Deconstruct / Range / Graph Mapper / Multiplication / Construct Point / Interpolate / Divide Curve / Vector 2Pt / Line SDL / Loft / Division / Series / Rotate / Project / Unit Z / Extrude

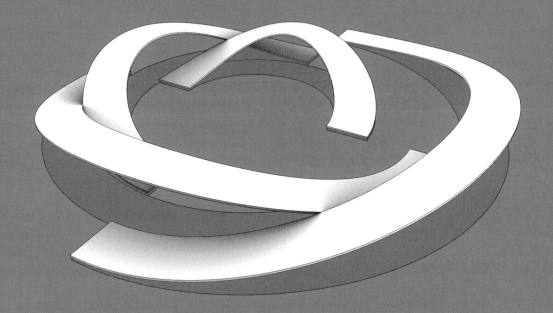

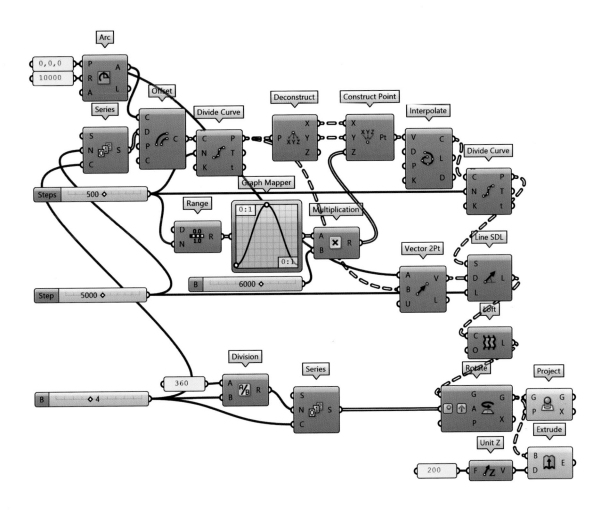

059 Series / Unit Z / Move / Rectangle / List Item / Negative / Unit Z / Move / Expression / Range / Graph Mapper / Expression / Scale / Loft / Bounding Box / Rectangular Array

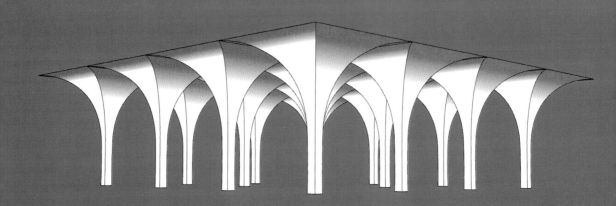

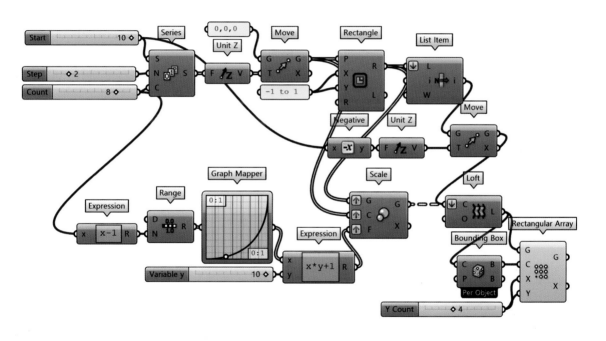

Circle / Pipe / Area / Divide Curve / Expression / Range / Graph Mapper / Remap Numbers / Unit Z / Move / Vector 2Pt / Remap Numbers / Amplitude / Move / Line / Pipe / Interpolate / Pipe

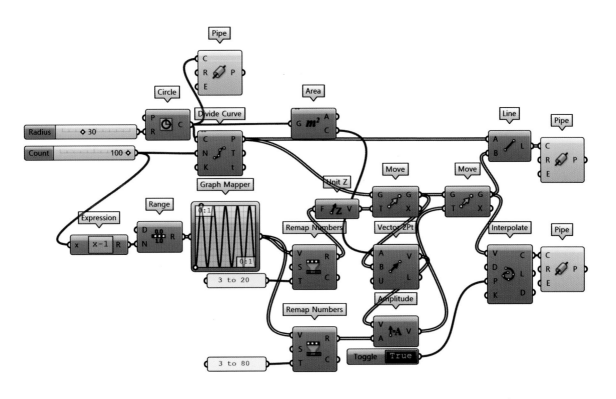

Expression

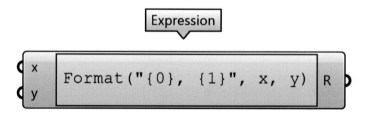

Expression, 수식을 써서
계산을 하거나 형태만들기

Square / Deconstruct / List Item / Deconstruct / Expression / Construct point / Addition / Surface From Points / Range / Construct Point / Iso Curve

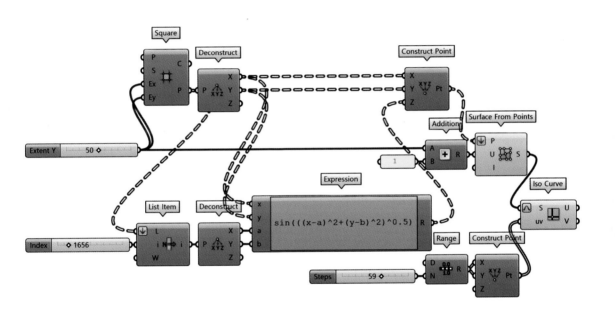

Square
P
S   C
Ex
Ey   P

Deconstruct
P XYZ X
        Y
        Z

Construct Point
X XYZ
Y   Pt
Z

Extent Y   50 ◇

Addition
A
B   +   R

1

Surface From Points
P
U   S
I

Iso Curve
S   U
uv   V

Expression
sin(((x-a)^2+(y-b)^2)^0.5)
x
y
a
b   R

List Item
L
i N i
W

Index   ◇ 1656

Deconstruct
P XYZ X
        Y
        Z

Range
D
N   R

Steps   59 ◇

Construct Point
X XYZ
Y   Pt
Z

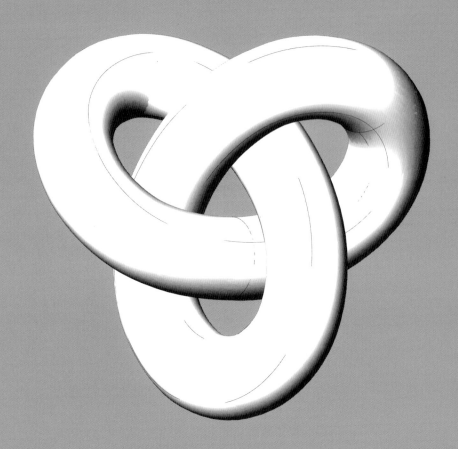

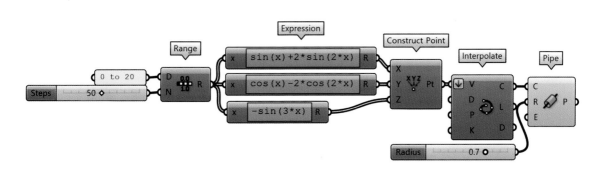

Series / Expression / Construct Point / Voronoi / Weaverbird's Picture Frame / Weaverbird's Mesh Thicken / Weaverbird's Catmull-Clark Subdivision

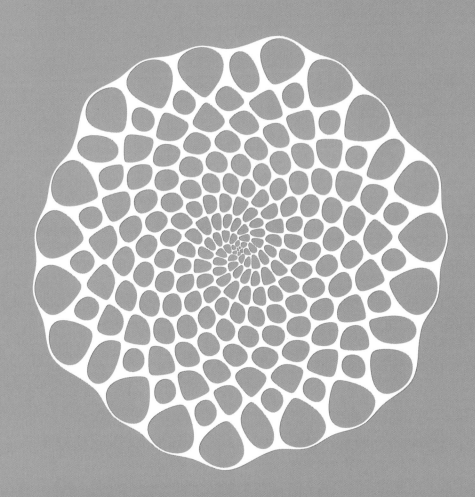

* Weaverbird's Catmull-Clark Subdivision : Weaverbird
* Weaverbird's Picture Frame : Weaverbird
* Weaverbird's Mesh Thicken : Weaverbird

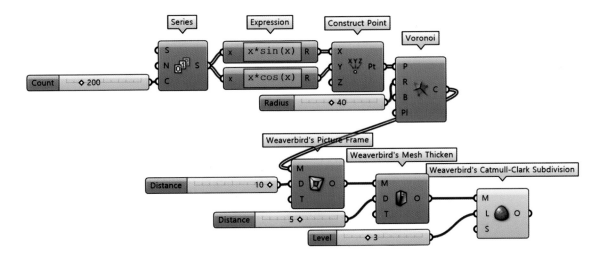

Distance & Remap Numbers

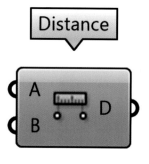

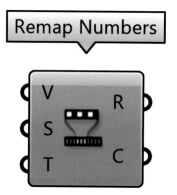

값을 증폭시키거나 **변형**시켜서

점진적인 패턴이나 형태 만들기

064 XZ Plane / Rectangle / Boundary Surfaces / MD Slider
/ Evaluate Surface / Unit X / Division / Contour / Divide
Curve / Unit X / Line SDL / Distance / Bounds / Remap
Numbers / Rotate / Loft

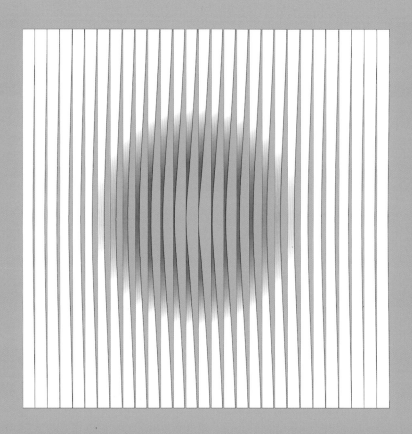

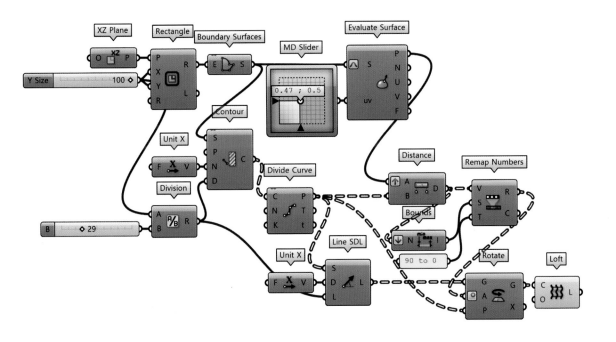

XZ Plane

Rectangle

Boundary Surfaces

MD Slider

Evaluate Surface

Y Size   100

Contour

Unit X

Distance

Remap Numbers

Division

Divide Curve

Bounds

Unit X

Line SDL

Rotate

Loft

B   29

0.47 ; 0.5

90 to 0

Hexagonal / Explode / Point on Curve / PolyLine / Area / Region Union / MD Slider / Evaluate Surface / Distance / Bounds / Remap Numbers / Offset / Explode / Weave / PolyLine / Boundary Surfaces / Remap Numbers / Unit Z / Extrude

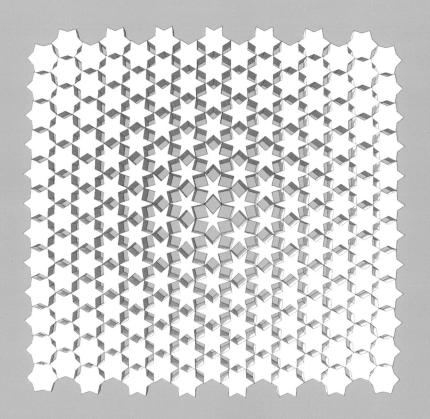

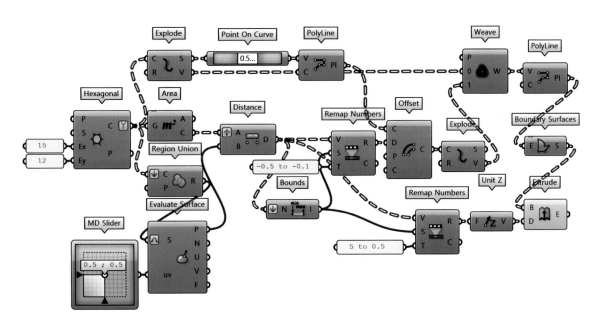

Explode
C S
R V

Point On Curve
0.5...

PolyLine
V Pl
C

Weave
P
0 W
1

PolyLine
V Pl
C

Hexagonal
P C Y
S
Ex
Ey P

15
12

Area
G A
m²
C

Region Union
C
P R

Distance
A
B D

Remap Numbers
V R
S
T C

-0.5 to -0.1

Offset
C D
D P C
P
C

Explode
C S
R V

Boundary Surfaces
E S

Bounds
N I
min max

Remap Numbers
V R
S
T C

Unit Z
F Z V

Extrude
B E
D

MD Slider
0.5 ; 0.5

Evaluate Surface
S P
N
U
V
uv F

5 to 0.5

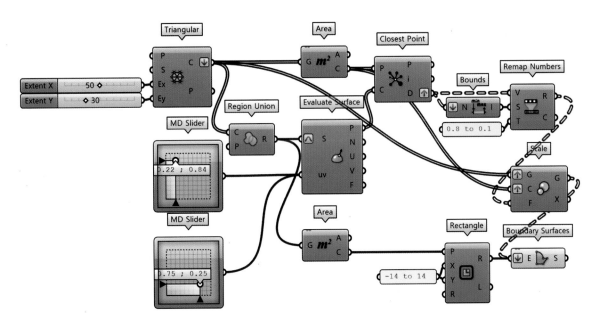

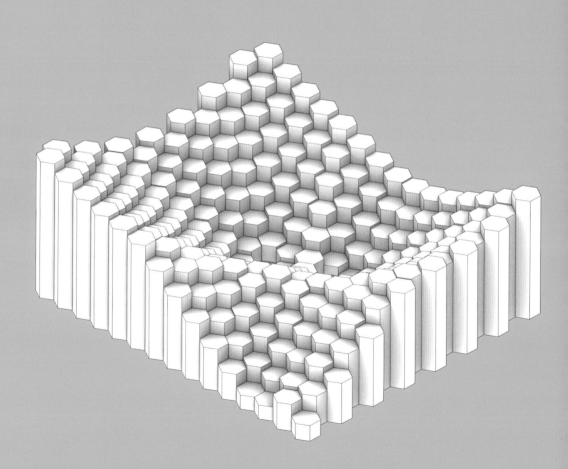

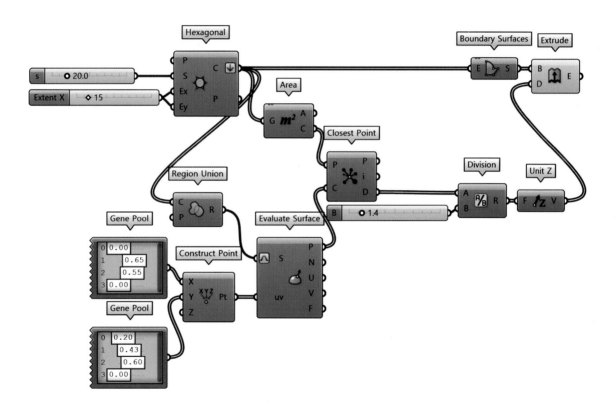

068

Triangular / Boundary Surfaces / Deconstruct Brep /
Area / Scale / Deconstruct Brep / Loft / Area / Region
Union / MD Slider / Evaluate Surface / Distance /
Bounds / Remap Numbers / Rotate Axis

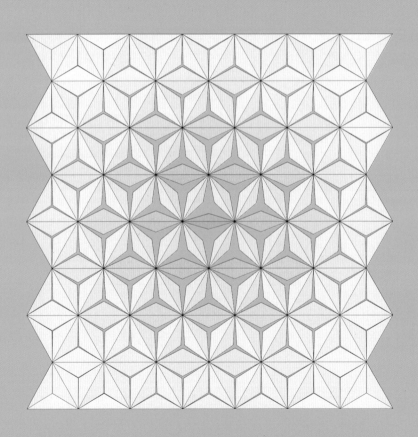

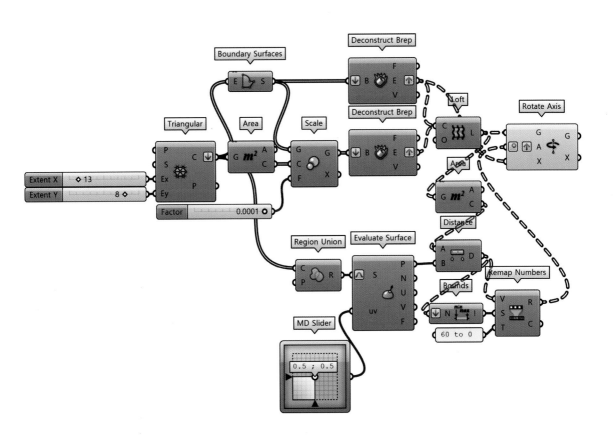

Boundary Surfaces

Deconstruct Brep

Deconstruct Brep

Loft

Rotate Axis

Triangular

Area

Scale

Extent X   13

Extent Y   8

Factor   0.0001

Area

Distance

Region Union

Evaluate Surface

Remap Numbers

Bounds

60 to 0

MD Slider

0.5 ; 0.5

Pattern (List)

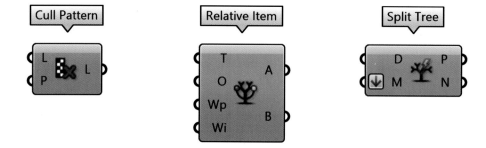

True / False, 혹은 **숫자를 활용한 패턴**으로
특정 리스트를 **골라내거나 순서를 설정**한다.

069

Center Box / Box Array / Solid Union / Populate Geometry / Sphere / Solid Difference / Volume / Point In Brep / Cull Pattern / Brep Wireframe / removeDuplicateLines / Pipe

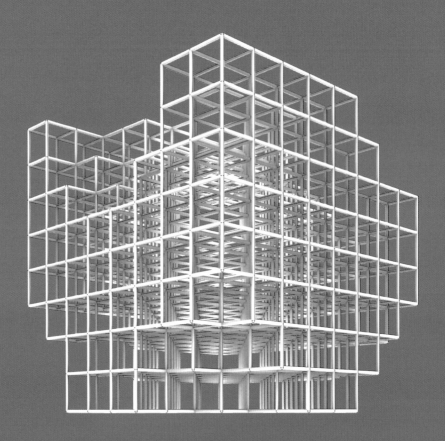

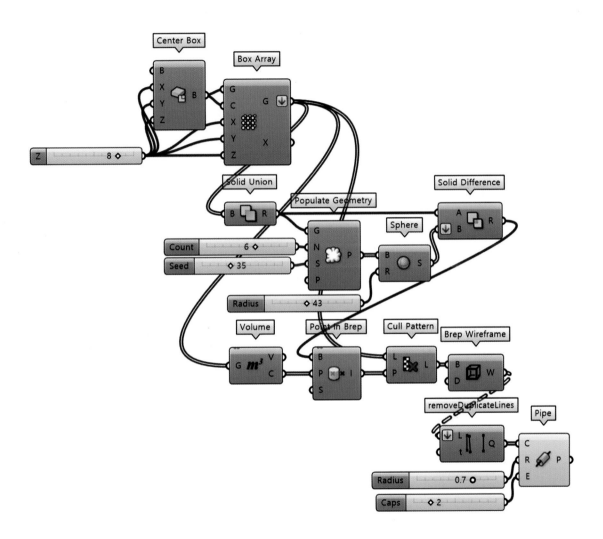

Center Box

Box Array

Z 8 ◇

Solid Union

Populate Geometry

Solid Difference

Count 6 ◇

Seed ◇ 35

Sphere

Radius ◇ 43

Volume

Point In Brep

Cull Pattern

Brep Wireframe

removeDuplicateLines

Pipe

Radius 0.7 ○

Caps ◇ 2

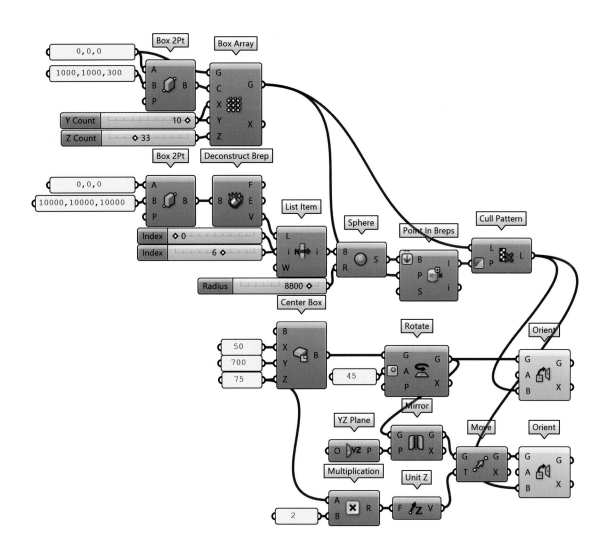

Polygon / Offset Curve / Polar Array / Cull Pattern / Move / Unit Z / Move / Rotate / Cull Pattern / Multiplication / Unit Z / Move / Merge / Loft / Boundary Surfaces / Boundary Surfaces / Brep Join

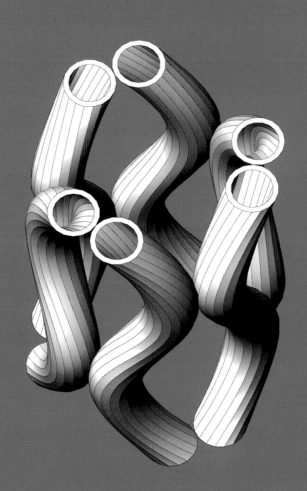

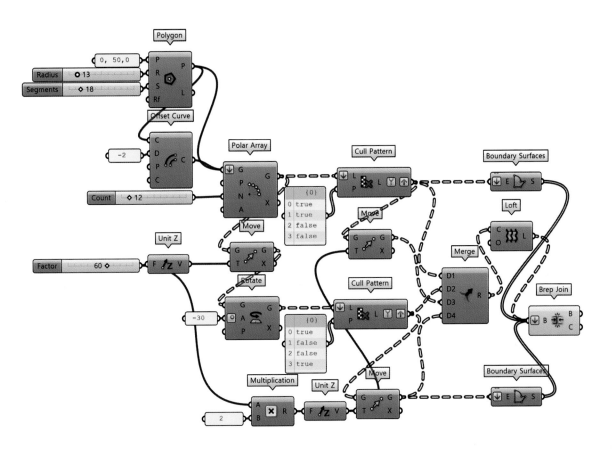

Polygon

0, 50, 0

Radius ○ 13
Segments ◇ 18

P
R
S
Rf

P
L

Offset Curve

-2

C
D
P
C

C

Polar Array

G
P
N
A

G

X

Count ◇ 12

Cull Pattern

L
P

L Y

	{0}
0	true
1	true
2	false
3	false

Boundary Surfaces

E

S

Move

G
T

G

X

Loft

C
O

L

Merge

D1
D2
D3
D4

R

Unit Z

Factor   60 ◇

F Z V

Move

G
T

G

X

Rotate

G
A
P

G

X

Cull Pattern

L
P

L Y

	{0}
0	true
1	false
2	false
3	true

Brep Join

B

B
C

-30

Multiplication

2

A
B

R

Unit Z

F Z V

Move

G
T

G

X

Boundary Surfaces

E

S

072

Range / Multiplication / Graph Mapper / Multiplication
/ Construct Point / Tree Statistics / Text Tag 3D /
Relative Item / Line / Relative Item / Line / Unit Y /
Extrude / Offset Surface

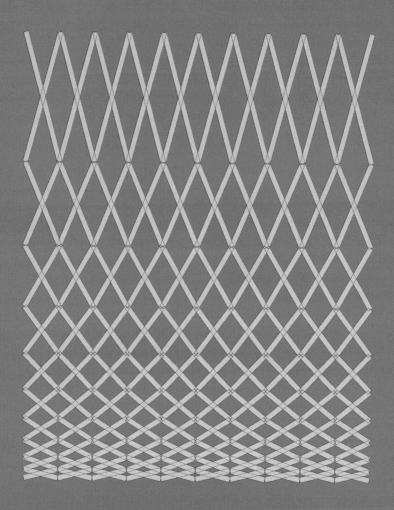

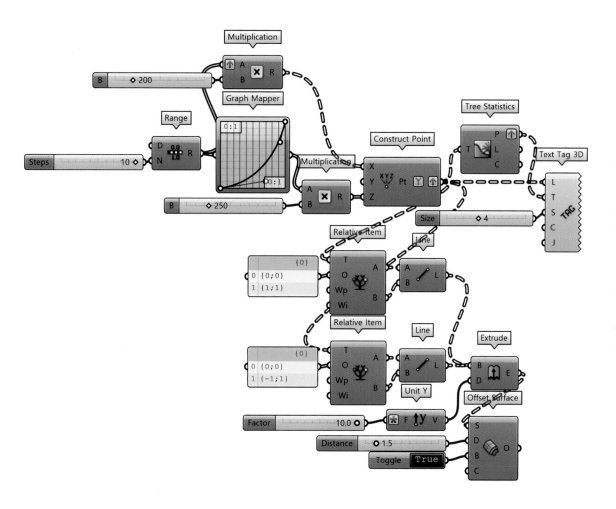

073

Range / Multiplication / Construct Point / YZ Plane
/ Graph Mapper / Multiplication / Arc / Loft / Quad
Panels / Deconstruct Brep / Shift Paths / Split Tree /
Offset Surface / Offset Surface

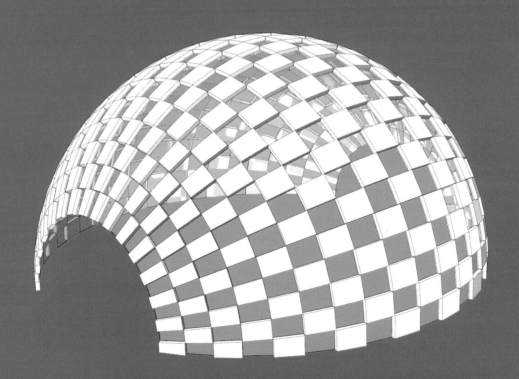

* Offset Surface : Pufferfish
* Quad Panels : LunchBox

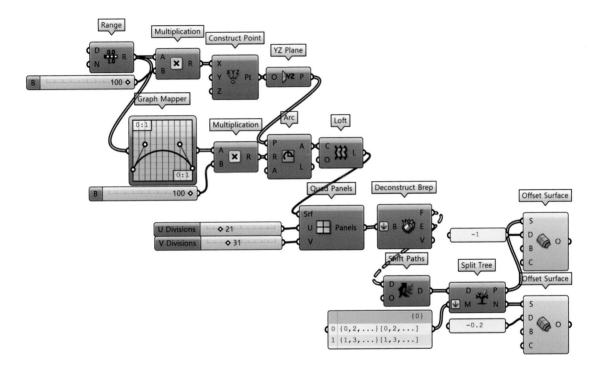

074 Rectangle / Boundary Surfaces / Divide Surface Offset / Divide Surface / Flip Matrix / Flip Matrix / Cull Pattern / Cull Pattern / Weave / Param Viewer / Cull Pattern / Tree Branch / Interpolate / Cull Pattern / Cull Pattern / Weave / Param Viewer / Cull Pattern / Tree Branch / Interpolate / Cull Pattern / Cull Pattern / Weave / Param Viewer / Cull Pattern / Tree Branch / Interpolate / Cull Pattern / Cull Pattern / Weave / Param Viewer / Cull Pattern / Tree Branch / Interpolate / Pipe

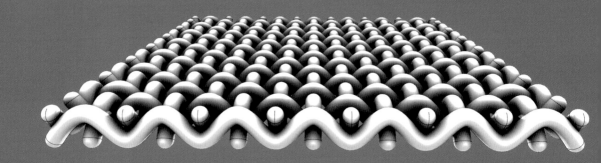

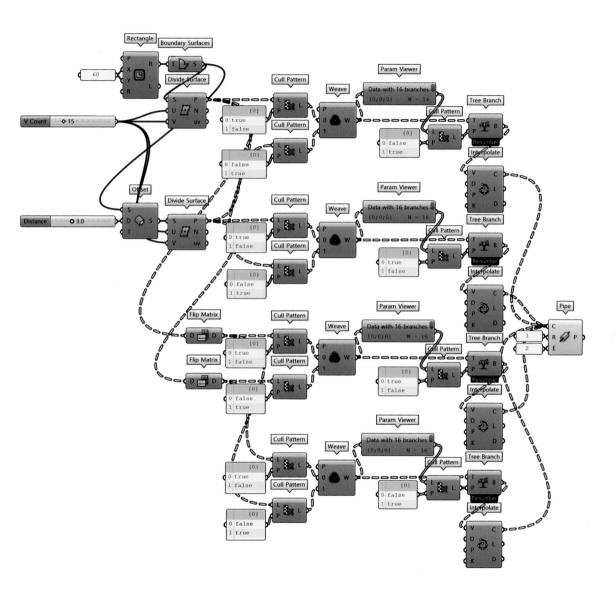

Surfaces

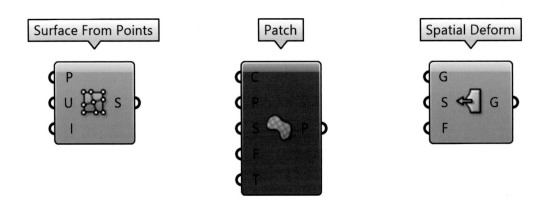

다양한 방법으로 곡면 만들기

075 Plane Surface / Divide Surface / MD Slider / MD Slider / Evaluate Surface / Closest Point / Bounds / Remap Numbers / Unit Z / Move / Expression / Surface From Points / Range / Tween Two Surfaces

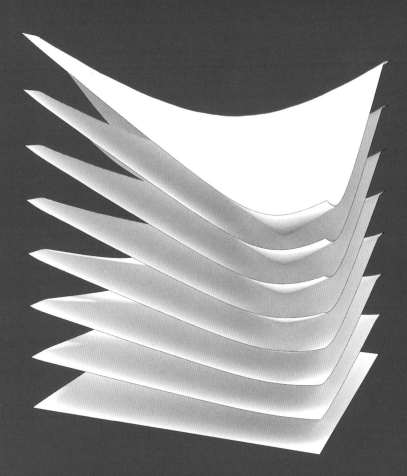

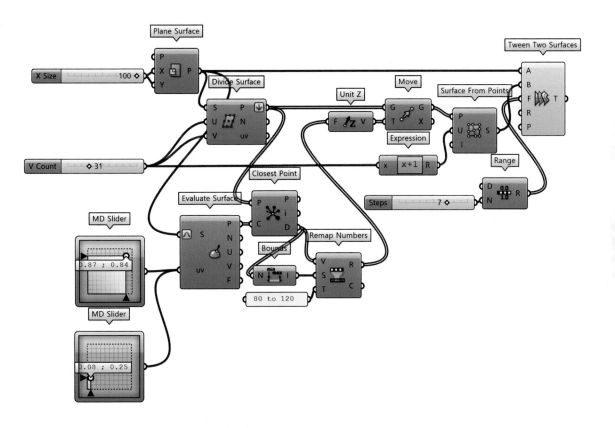

076 Circle / Negative / Merge / Multiplication / Repeat Data / Perp Frames / Deconstruct Plane / Multiplication / Multiplication / Addition / Move / Nurbs Curve / Patch / Offset Surface

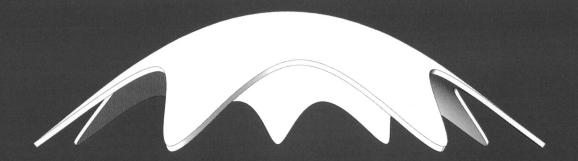

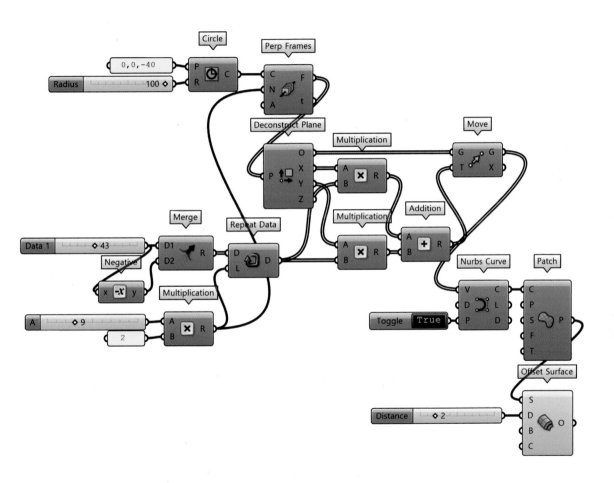

077 Plane Surface / Deconstruct Brep / Gene Pool / Gene Pool / Construct Point / Evaluate Surface / Merge / Unit Z / Duplicate Data / Unit Z / Duplicate Data / Merge / Spatial Deform (custom) / Diamond Panels / Panel Frame / Unit Z / Extrude / Solid Union

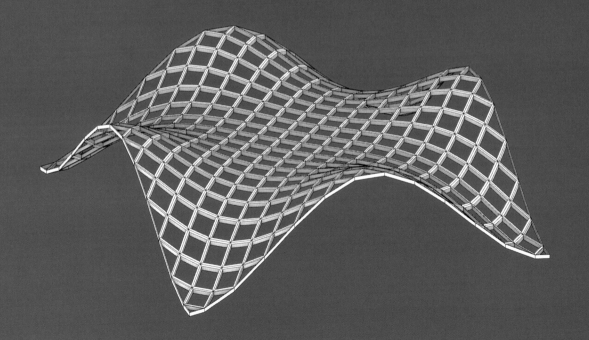

* Diamond Panels : Lunchbox
* Panel Frame : Lunchbox

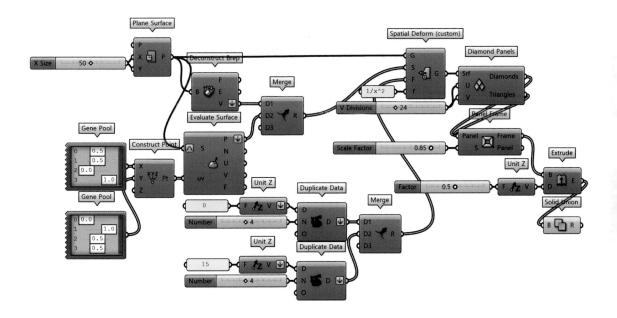

078 Square / List Length / Construct Domain / Random / List Item / Attractor Wave / Multiplication / Unit Z / Move / Expression / Surface From Points / Unit Z / Extrude / Division / Contour / Boundary Surfaces / Unit Z / Extrude

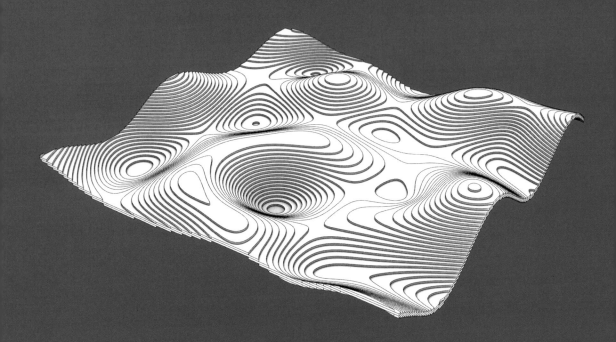

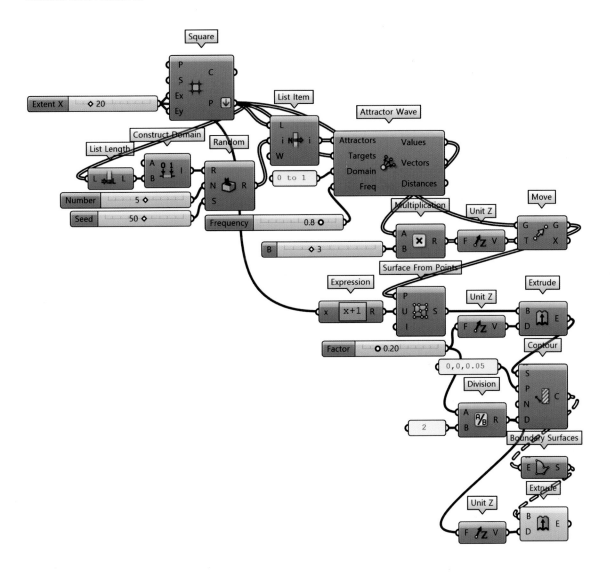

Morph

Surface Morph

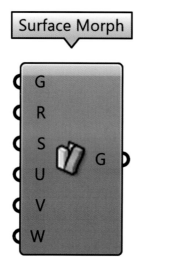

Box Morph

특정 형태를 **지정 면에** 옮겨 배치, **변형**한다.

079 Square / List Length / Random / Unit Z / Move / Addition / Surface From Points / Divide Domain^2 / Surface Box / Rectangle / Rectangle / Rectangle / Loft / Bounding Box / Box Morph

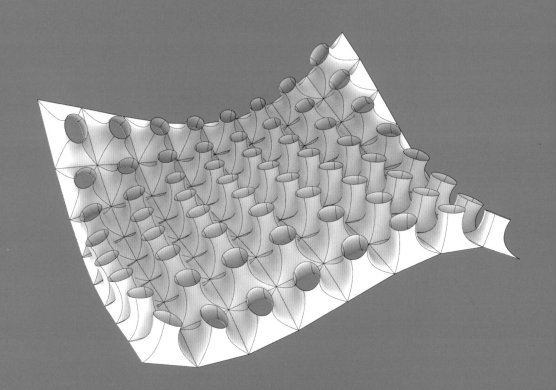

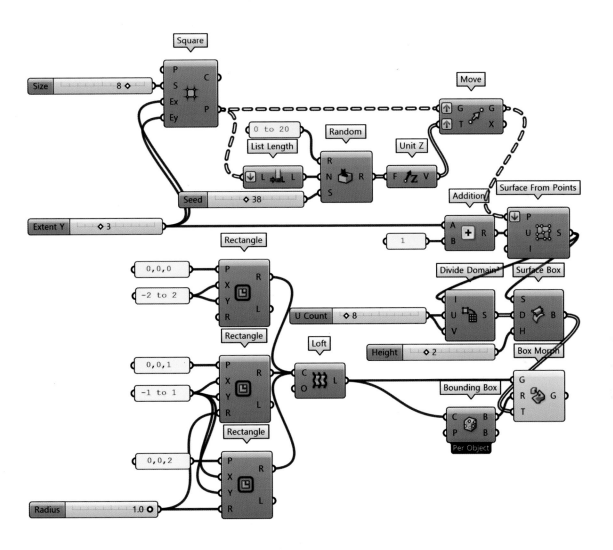

Sphere / Dimensions / Rectangle / Hexagonal / MD
Slider / Evaluate Surface / Circle / Point In Curve / Cull
Pattern / Cull Pattern / Distance / Bounds / Remap
Numbers / Circle / Boundary Surfaces / Unit Z / Extrude
/ Surface Morph /

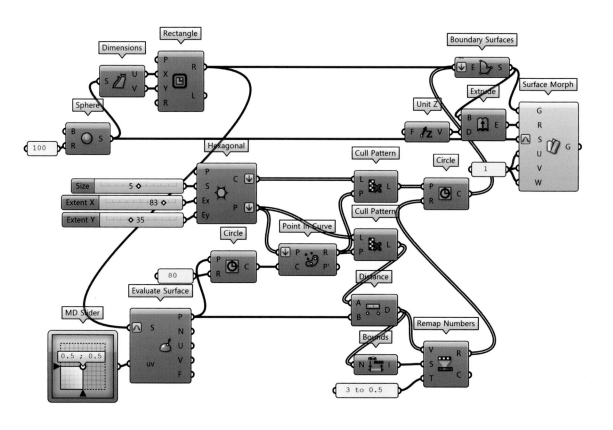

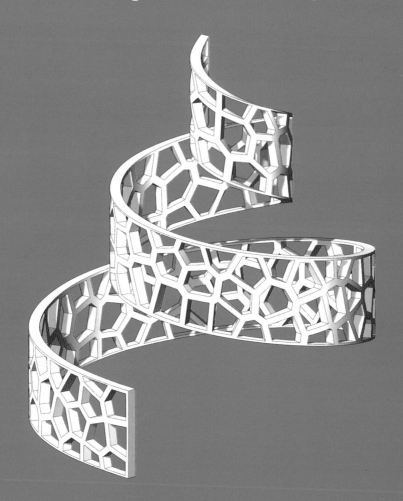

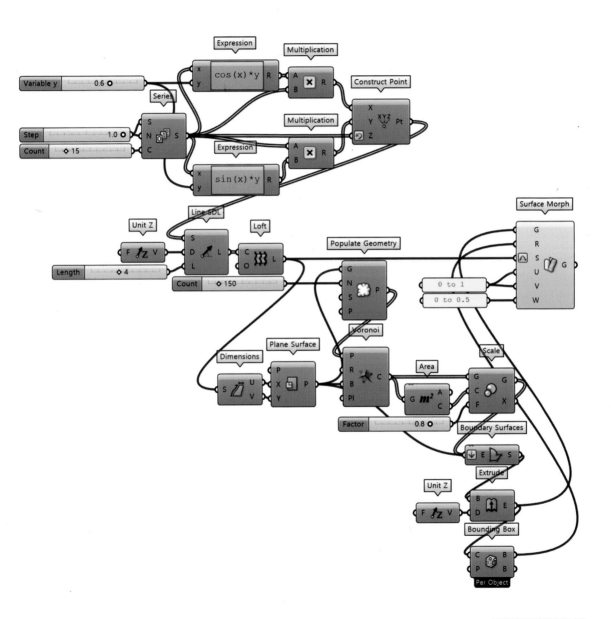

Panels

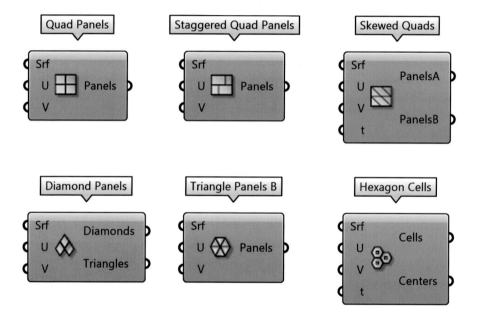

Lunchbox라는 **플러그인**을 활용하여 **패널**을 만든다.

082 Rectangle / Random Quad Panels / Area / Polygon / Area / Point In Curve / Cull Pattern / Offset Curve / Boundary Surfaces / Unit Z / Extrude

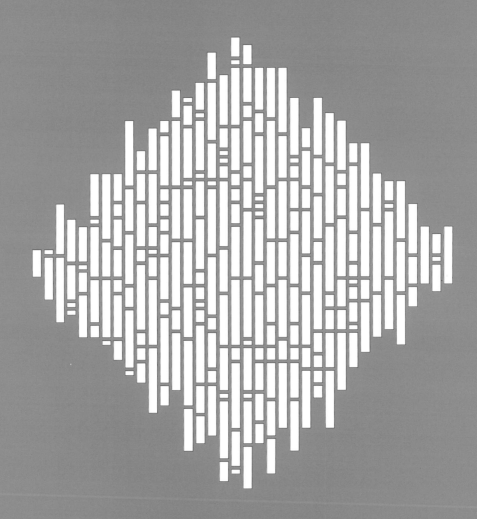

* Random Quad Panels : LunchBox

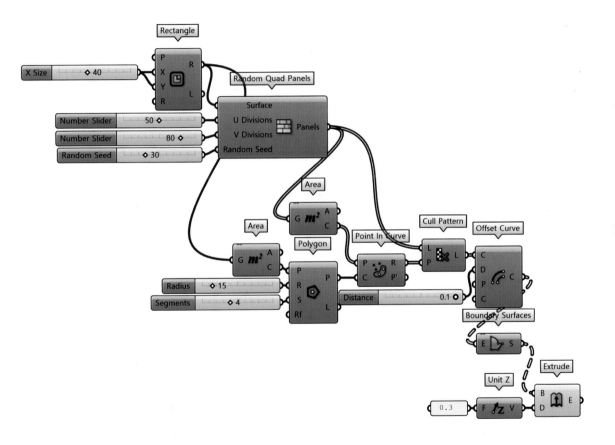

* Hexagon Cells : LunchBox
* Offset Surface : Pufferfish

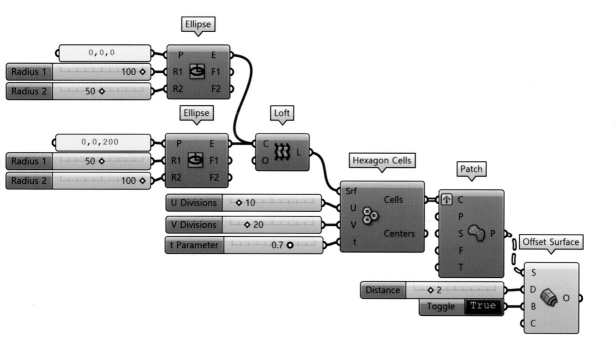

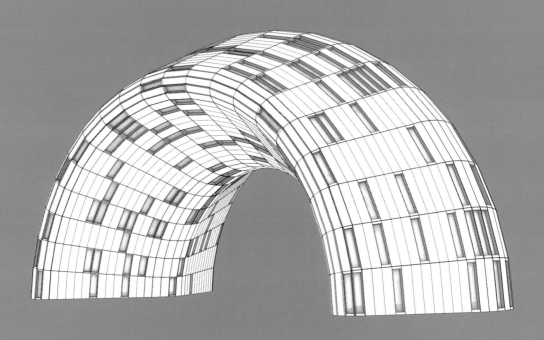

* Random Split List : LunchBox
* Quad Panels : LunchBox
* Panel Frame : LunchBox
* Offset Surface : Pufferfish

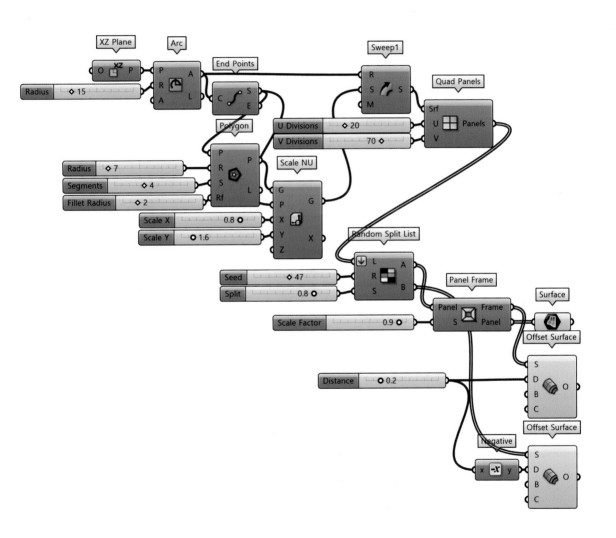

XZ Plane / Rectangle / Diamond Panels / Random Split
List / Panel Frame / Brep / Control Polygon / List Item
/ Deconstruct / Bounds / Remap Numbers / List Item /
Line / Rotate Axis / Offset Surface

* Random Split List : LunchBox
* Diamond Panels : LunchBox
* Panel Frame : LunchBox
* Offset Surface : Pufferfish

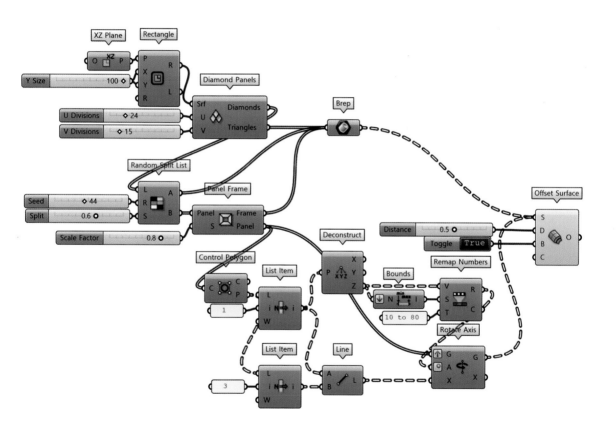

086 XZ Plane / Arc / Unit Y / Extrude / Quad Panels / Construct Point / Evaluate Surface / Deconstruct Plane / List Item / Interpolate (t) / Construct Point / Evaluate Surface / Deconstruct Plane / List Item / Interpolate (t) / Join Curves / Pipe

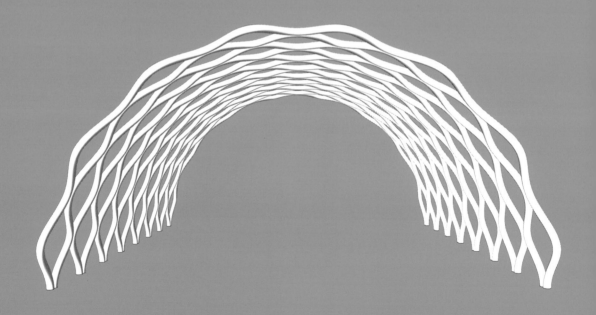

* Quad Panels : LunchBox

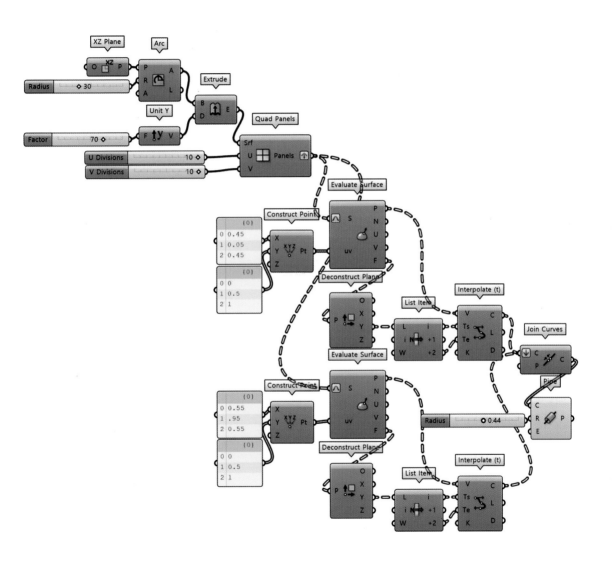

087 Circle / Divide Curve / Expression / Range / Graph
Mapper / Scale / Interpolate / Range / Unit Z / Move /
Remap Numbers / Rotate / Loft / Triangular Panels A
/ Brep Join / Cap Holes / Braced Grid 1-D Structure /
removeDupliateLines / Pipe

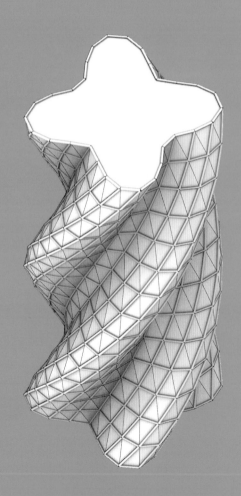

* Braced Grid 1-D Structure : LunchBox
* Triangular Panels A : LunchBox

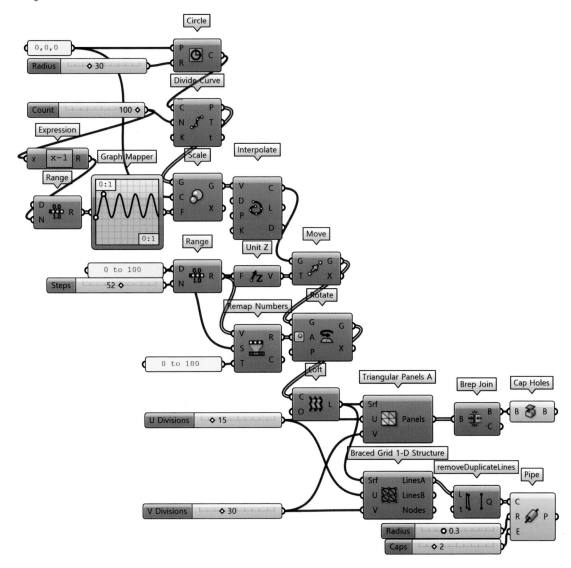

Metaball & Cocoon

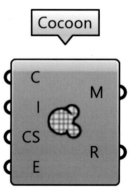

점들로부터 **Falloff**를 이용하여 **곡선이나 곡면 만들기**

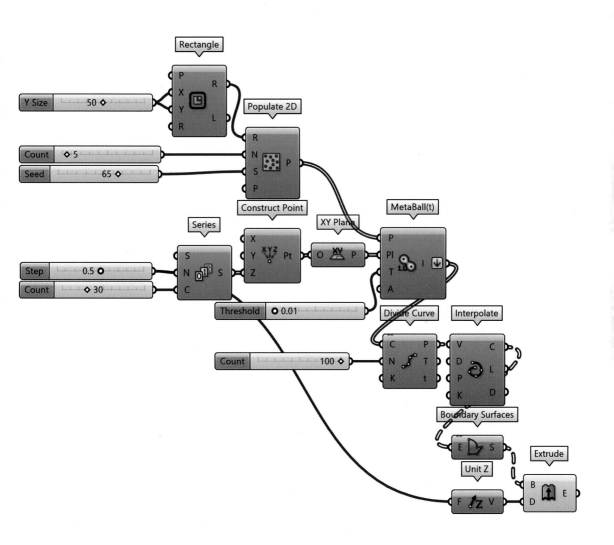

Rectangle

Y Size   50 ◇

Count   ◇ 5
Seed   65 ◇

Populate 2D

Construct Point

Series

Step   0.5 ◇
Count   ◇ 30

Threshold   ◇ 0.01

Count   100 ◇

XY Plane

MetaBall(t)

Divide Curve   Interpolate

Boundary Surfaces

Unit Z

Extrude

Rectangle / Populate 2D / Construct Domain / Random / Point Charge / Cocoon / Refine / Cytoskeleton

* Refine : MarchingCubes
* Cocoon : MarchingCubes
* Point Charge : MarchingCubes
* Cytoskeleton : Exoskeleton2

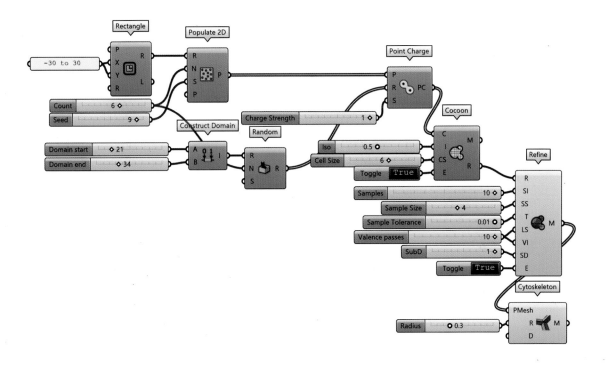

Kangaroo

Solver

GoalObjects	I
Reset	
Threshold	V
Tolerance	
On	O

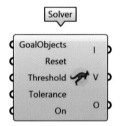

KangarooPhysics

Force objects	Out
AnchorPoints	Iterations
Settings	ParticlesOut
Geometry	GeometryOut
SimulationReset	KE

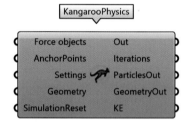

MeshMachine

Geom	
Length	
FixC	
FixV	
Flip	
Pull	
Adapt	
BScale	M
BDist	
SizP	
SizV	
Exp	
Bkgd	
Iter	
Reset	

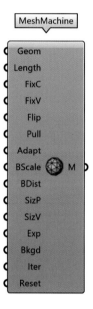

Kangaroo라는 Plug-in을 활용,

탄성과 힘을 활용해 형태 만들기

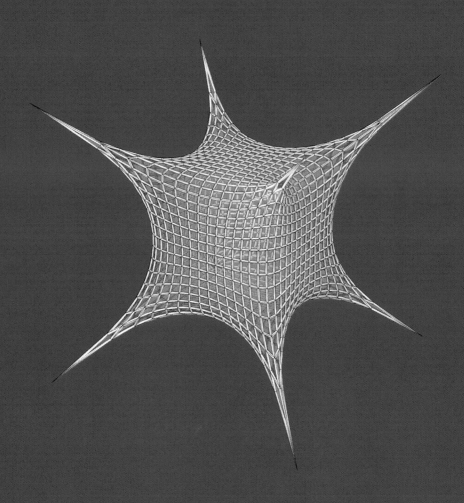

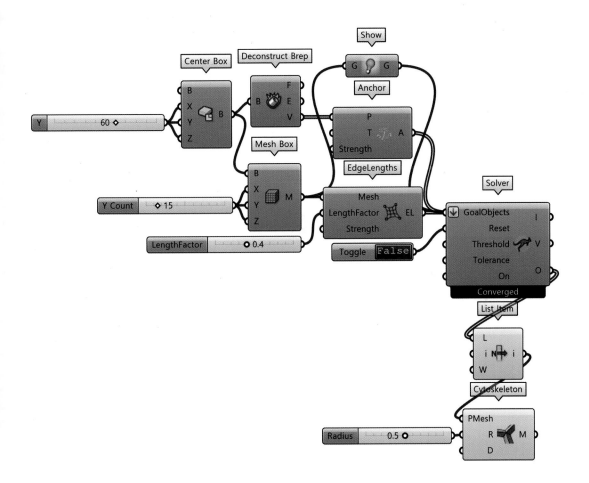

Rectangle / Mesh Plane / Show / VertexLoads / Range / Evaluate Curve / Deconstruct Mesh / Scale / Populate 2D / Closest Point / Anchor / Negative / EdgeLengths / Solver / List Item / Cytoskeleton

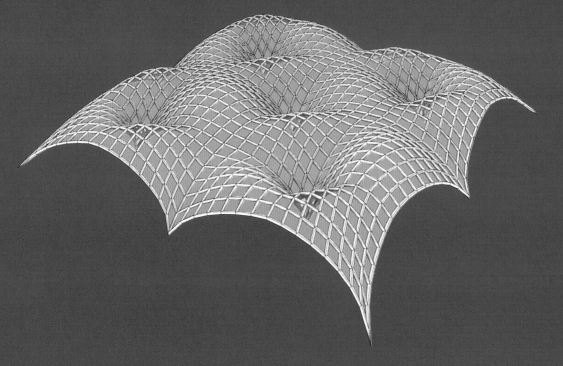

* Cytoskeleton : Exoskeleton2

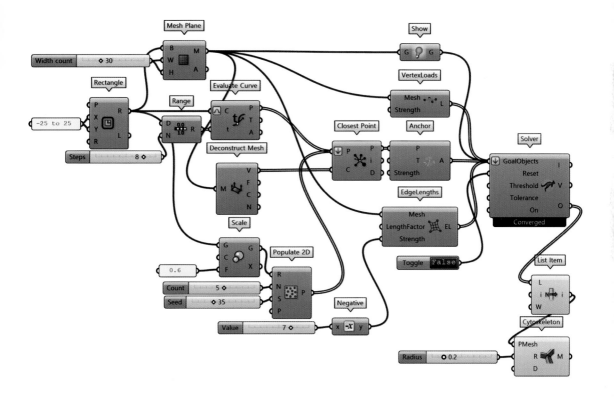

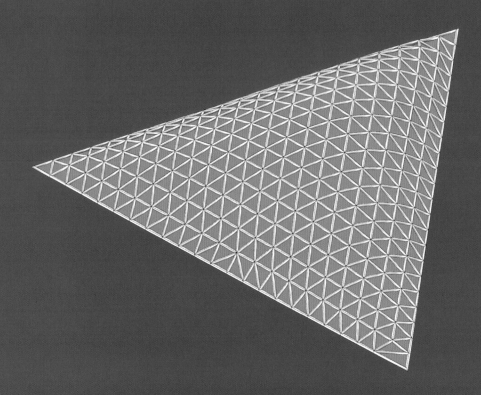

* Weaverbird's Split Triangles Subdivision : Weaverbird
* Cytoskeleton : Exoskeleton2

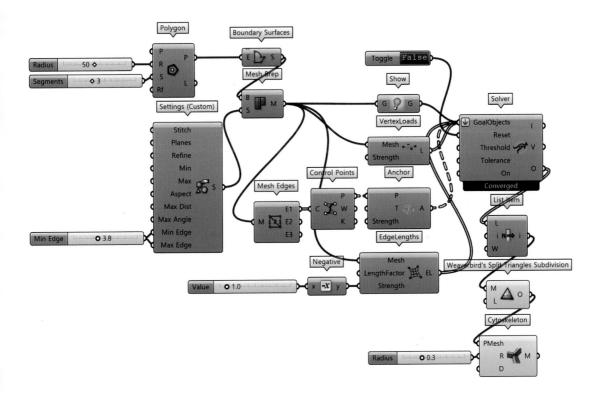

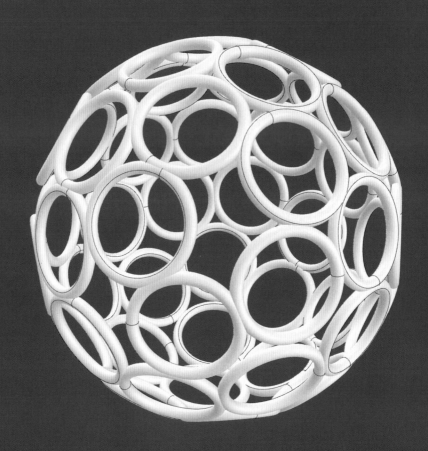

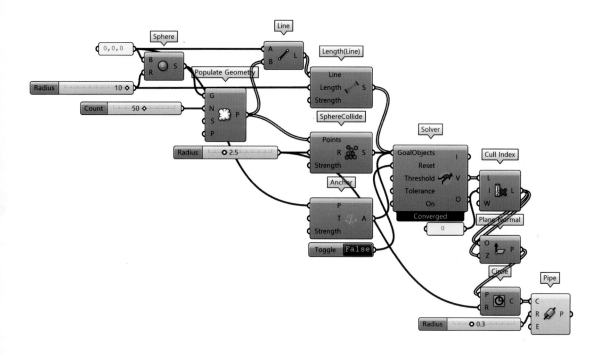

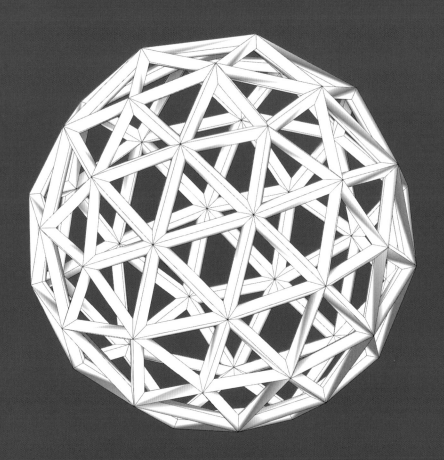

* Cytoskeleton : Exoskeleton2

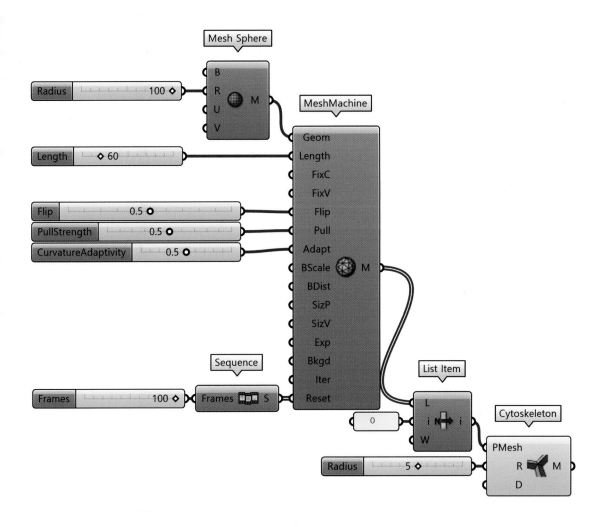

Weaverbird

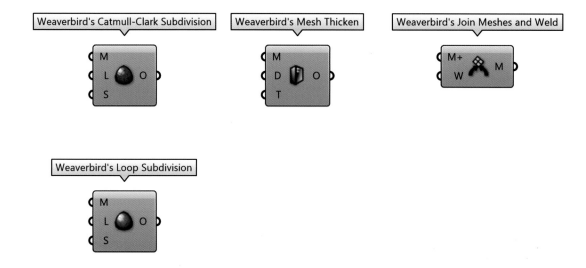

Weaverbird라는 Plug-in활용,

Mesh를 붙이거나 두께를 주거나, 둥글게 면분할하여 형태 만들기

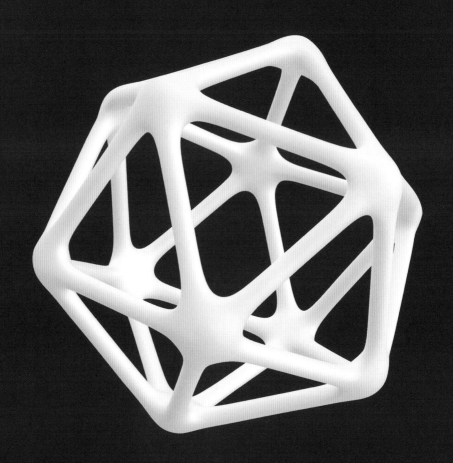

* Weaverbird's LaplacianHC Smoothing : Weaverbird
* Weaverbird's Loop Subdivision : Weaverbird
* Platonic Icosahedron : Lunchbox
* ExoWireframe : Exoskeleton2

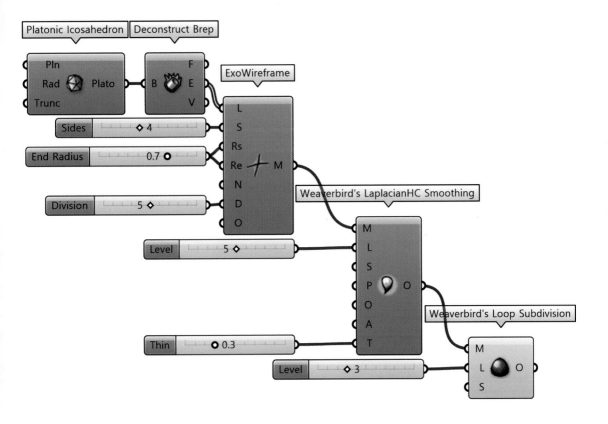

096 Rectangle / Boundary Surfaces / Divide Domain^2 / Isotrim / List Item / Gene Pool / Cull Index / Unit Z / Move / List Item / Gene Pool / Cull Index / Weave / Loft / Brep Join / Deconstruct Brep / Mesh Surface / Weaverbird's Join Meshes and Weld / Weaverbird's Catmull-Clark Subdivision / Weaverbird's Mesh Thicken

* Weaverbird's Join Meshes and Weld : Weaverbird
* Weaverbird's Catmull-Clark Subdivision : Weaverbird
* Weaverbird's Mesh Thicken: Weaverbird

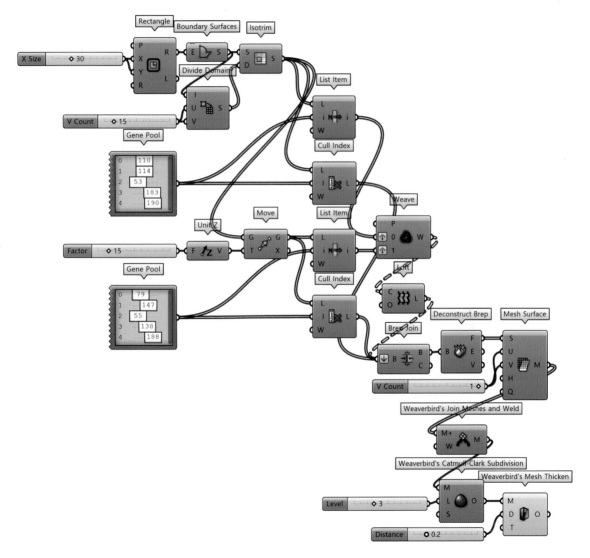

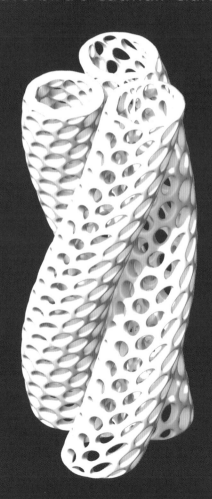

* Weaverbird's Catmull-Clark Subdivision : Weaverbird
* Weaverbird's Picture Frame : Weaverbird
* Weaverbird's Mesh Thicken: Weaverbird
* Hexagon Cells : LunchBox

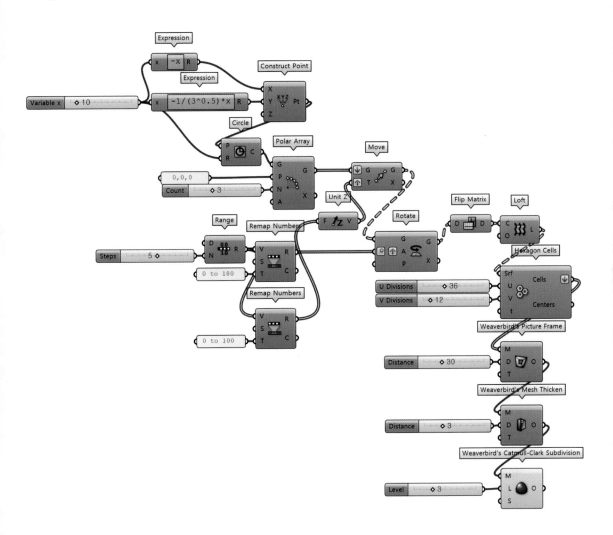

Rectangle / Populate 2D / Voronoi / Area / Scale / Boundary Surfaces / Unit Z / Move / Area / Scale / Loft / XY Plane / Mirror / Loft / Mirror / Brep Join / Mesh / Weaverbird's Catmull-Clark Subdivision / Weaverbird's Mesh Thicken

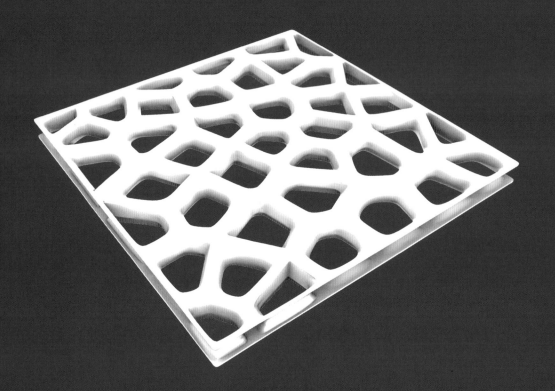

* Weaverbird's Catmull-Clark Subdivision : Weaverbird
* Weaverbird's Mesh Thicken : Weaverbird

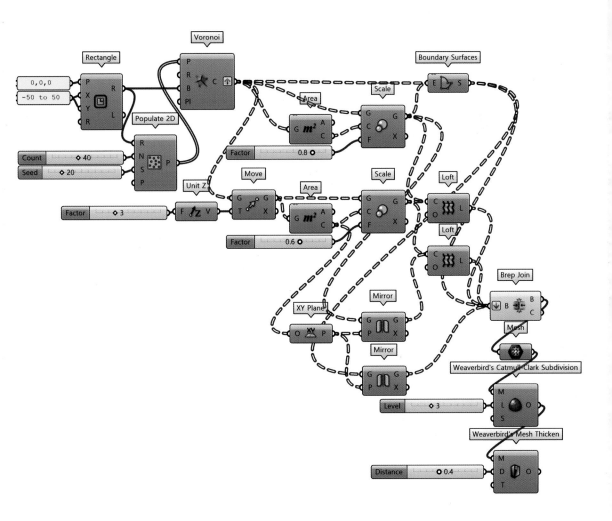

Plane Surface / Evaluate Surface / Deconstruct Brep / Merge / Duplicate Data / Merge / Spatial Deform (custom) / Mesh Surface / Mesh Explode / Weaverbird's Stellate-Cumulation / Weaverbird's Catmull-Clark Subdivision / Weaverbird's Join Meshes and Weld / Weaverbird's Mesh Thicken

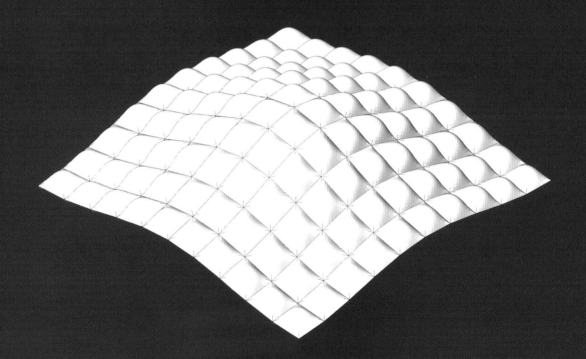

* Weaverbird's Catmull-Clark Subdivision : Weaverbird
* Weaverbird's Join Meshes and Weld : Weaverbird
* Weaverbird's Stellate/Cumulation: Weaverbird
* Weaverbird's Mesh Thicken: Weaverbird
* Mesh Explode : MeshEdit

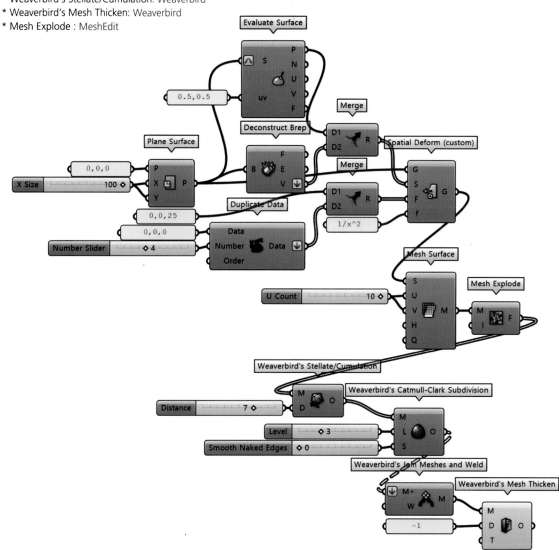

* Weaverbird's Catmull Clark Subdivision : Weaverbird
* Platonic Icosahedron : LunchBox

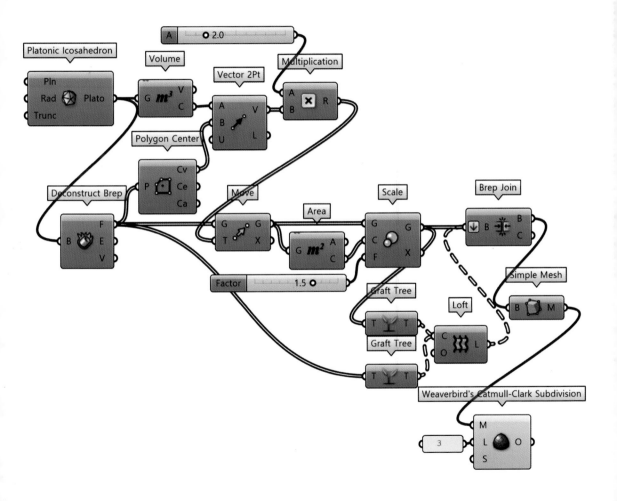

그라스호퍼 지오메트리

GRASSHOPPER GEOMETRY

100개 알고리즘 예제로 배우는 파라메트릭 디자인

초판 1쇄 인쇄　　2020년 1월 15일
초판 1쇄 발행　　2020년 1월 20일

지은이　　김영아
펴낸이　　김호석
펴낸곳　　도서출판 대가
편집부　　박은주
마케팅　　권우석·오중환
관 리　　한미정

주 소　　경기도 고양시 일산동구 장항동 776-1 로데오 메탈릭타워 405호
전 화　　02) 305-0210 / 306-0210 / 336-0204
팩 스　　031) 905-0221
전자우편　　dga1023@hanmail.net
홈페이지　　www.bookdaega.com

ISBN　　978-89-6285-244-8 (13000)